心一堂彭措佛緣叢書‧索達吉堪布仁波切譯著文集

仁波切香港大學答問錄
——打開心扉的密鑰

索達吉堪布仁波切　講解

書名：仁波切香港大學答問錄——打開心扉的密鑰
系列：心一堂彭措佛緣叢書‧索達吉堪布仁波切譯著文集
講解：索達吉堪布仁波切
責任編輯：陳劍聰

出版：心一堂有限公司
地址/門市：香港九龍尖沙咀東麼地道六十三號好時中心LG六十一室
電話號碼：+852-6715-0840　+852-3466-1112
網址：www.sunyata.cc　publish.sunyata.cc
電郵：sunyatabook@gmail.com
心一堂 彭措佛緣叢書論壇：　http://bbs.sunyata.cc
心一堂 彭措佛緣閣：　　　http://buddhism.sunyata.cc
網上書店：　　　　　　　http://book.sunyata.cc

香港及海外發行：香港聯合書刊物流有限公司
地址：香港新界大埔汀麗路三十六號中華商務印刷大廈三樓
電話號碼：+852-2150-2100
傳真號碼：+852-2407-3062
電郵：info@suplogistics.com.hk

台灣發行：秀威資訊科技股份有限公司
地址：台灣台北市內湖區瑞光路七十六巷六十五號一樓
電話號碼：+886-2-2796-3638
傳真號碼：+886-2-2796-1377
網絡書店：www.bodbooks.com.tw
台灣讀者服務中心：國家書店
地址：台灣台北市中山區松江路二〇九號一樓
電話號碼：+886-2-2518-0207
傳真號碼：+886-2-2518-0778
網絡網址：http://www.govbooks.com.tw/

中國大陸發行‧零售：心一堂‧彭措佛緣閣
深圳地址：中國深圳羅湖立新路六號東門博雅負一層零零八號
電話號碼：+86-755-8222-4934
北京流通處：中國北京東城區雍和宮大街四十號
心一店淘寶網：http://sunyatacc.taobao.com/

版次：二零一四年十一月初版，平裝

定價：港幣　　七十八元正
　　　新台幣　二百九十八元正

國際書號 ISBN 978-988-8316-15-1

目錄

仁波切香港大學答問錄——打開心扉的密鑰

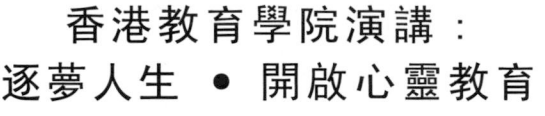

香港教育學院演講：
逐夢人生 ● 開啟心靈教育

『2011 年 11 月 23 日晚上』

主持人致辭：

索達吉堪布，是當今精通藏漢佛學的大師。20 多年來，堪布從未間斷過著述和翻譯，故其著譯頗豐，皆極具加持與利益，為無數佛弟子點亮了解脫的明燈。尤其針對現代人的思想誤區，堪布經深思熟慮，以淺顯易懂的語言，為世人打開了一條光明之路。

今晚堪布的演講主題是「逐夢人生.開啟心靈教育」。首先，請大家以熱烈的掌聲，有請香港教育學院宗教教育與心靈教育中心經理何榮漢博士致歡迎辭——

何榮漢博士：

各位來賓，晚安！非常感恩索達吉堪布今天來到我們學院！

相信大家來到香港教育學院時，都會感覺到這裡的夜晚非常寧靜，是可以一起探索心靈、提升心靈境界的地方。

香港教育學院於 2006 年，接受了五個辦學宗教團體——天主教香港教區、香港聖公會、香港佛教聯合會、道教香港青松觀、嗇色園的捐款，成立了宗教教育與心

靈教育中心。我們這個中心，並不是只研究一兩個宗教，而是促進學校宗教教育與心靈教育的發展。

大家都知道，香港超過半數的學校有宗教背景。就算沒有宗教背景，許多學校也會引導學生接觸心靈，令他們的心地變得善良，在了解物質世界的基礎上，洞悉人的心靈，追求超越物質、超越現實的境界。

我們的名稱叫「宗教教育與心靈教育中心」，所以，它既有不同宗教的教育，也有無宗教的心靈教育。一直以來，我們雖有不同的宗教團體，但並非致力於研究或推廣宗教，而是舉辦一些像今晚這樣探索心靈方面的講座。參加者有老師、學生、家長、社會人士……

今晚來的人當中，有我們學校的學生，也有從內地趕來的學生，在座的有老師，也有家長。相信大家關心的，不只是眼前這個物質世界，還有物質世界之上的宗教與心靈研究。

這次活動，非常感謝國際菩提學會的學員和義工。幾個月之前，他們就與我們取得了聯繫，今天下午又有幾十位義工提早來一起準備很多事情。整個籌備過程中，他們都很積極、很熱心，讓我們以熱烈的掌聲感謝他們！

今天大家聚在這裡，都是為了聽堪布的講座。堪布來的地方，比香港高 4 千米，現在溫度相差 40℃，相信他也一定能讓我們的心靈空間提升 4 千米或 40℃。我非常榮幸代表大家，邀請堪布到台上作精彩的演講！

逐夢人生・開啟心靈教育

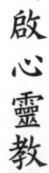

今天很高興來到香港教育學院「宗教教育與心靈教育中心」，跟老師、同學一起學習。

剛才何博士說了，當前人類特別需要宗教教育。我也認為，宗教教育超越了科技教育，如果人類沒有宗教教育，而只有科技教育，那就找不到正確的方向，最終不但不能向前發展，反而會往後倒退，淪落至特別悲慘的境地。

因此，我特別隨喜香港教育學院有這樣一個平台，這裡有佛教、基督教、天主教、道教、儒教……許多宗教互相交流，每一個宗教都有善的教育。而善的教育，在政府制定的課程裡並不多，所以，這種模式在當前來講非常重要。

尤其是你們教育學院規模龐大，擔負著教書育人的職責，很多學生將來在社會上都會當老師。而什麼樣的老師，就會培養什麼樣的人。如果老師沒有宗教理念，沒有道德、仁愛、慈悲，就很容易誤人子弟，影響一代又一代人的命運。

我本人雖然是出家人，但也可以算是一個老師，多年來一直對教育特別關心。儘管我一個人的能力極其有限，也做不了什麼大的事情，但始終特別關注現在的社會。這個社會不缺少物質，也不缺少知識，跟古代比起來，在某些層面上，現代人可謂非常聰明，然而這些若沒有用於有意義的事情上，科技越發達，人們就會離幸福越遠。

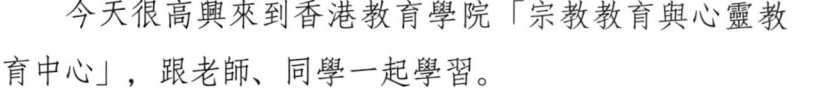

仁波切香港大學答問錄——打開心扉的密鑰

所以，如今確實需要一種心靈教育。

而這種教育，在香港教育學院可以說體現得淋漓盡致。這裡不管是哪一個老師，信基督教也可以、信佛教也可以，只要不違背國家的相關政策，每個人都可以擁有自己的信仰，並且上級領導也對他一視同仁，不會有任何歧視。

我到香港之後，接觸了很多大學老師和教授，非常開心的是，這裡的人比較開放，沒有什麼擔憂，也沒有什麼懷疑，大家有什麼想法，完全可以直截了當地溝通。而且很多人都關心社會、關心下一代，有許多具有現實意義的想法。這種開放、自由、仁愛的校風，的確很值得我們借鑒！

逐夢人生·開啟心靈教育

一、人生應該認清真相

今天跟大家交流的話題，是「逐夢人生．開啟心靈教育」。一提到「逐夢人生」，不少人都想當然地認為是講追逐夢想，讓人生更加輝煌，大多是從金錢、物質上安立的，而很少關心內心的寧靜。我剛才在你們中心看到一個特別親切的字——「靜」，其實這個很適合現代人。現代人就是靜不下來，每天的生活就是忙，做什麼都要快快快，電梯一刻也不願等，要快快下來，快快上去；地鐵、火車也不能停，速度要越快越好；就連吃一頓飯，也是快餐、速食，拼命地在與時間賽跑。

其實，我們人生的真正價值，並不在於賺錢怎麼多、地位怎麼高、長得怎麼漂亮……儘管不少年輕人把這些當成人生目標，但等你到了一定的年齡，對生活稍有經驗時，就會深深感到人生的價值並非建立在長相上或鈔票上。所以，大家需要靜下心來思考：到底我要追求什麼樣的人生？

在這方面，我今天的開示跟其他人有點不同，我主要是從佛教的角度來剖析人生，讓大家明白幸福並非源於物質。假如沒有認清這一人生真相，每天就像發瘋了一樣特別忙，結果忙來忙去為的是什麼？到頭來自己也不知道。

濟公和尚曾說：「一旦無常萬事休，忙什麼？」的確，

仁波切香港大學答問錄——打開心扉的密鑰

我們可以想一想：任何一個人，當最後的呼吸停止時，這一輩子為之辛苦忙碌的錢財、子女，又有什麼東西可以帶得走？所以，許多人拼命追求、特別執著的事物，實際上都是虛幻的一場夢。

或許有人不以為然：「我吃飯、走路、買房子、開轎車，都是真真實實的，怎麼會是一場夢呢？」對此，我有很多依據可以證明。《金剛經》中也說過：「一切有為法，如夢幻泡影，如露亦如電，應作如是觀。」表面上這個偈頌誰都會講，但其中的甚深道理，不少人並沒有去仔細體會。要知道，世間上的萬事萬物，包括我們的身體、吃的飯、住的房子、開的車、走的路，全部都如夢、如幻、如泡影、如陽焰，沒有一個實有存在。

這一點，個別人也許很難接受：「不會吧，我跟朋友聊天，早上起來穿衣服，都是實實在在發生的，怎麼會是夢呢？」但實際上，我們在做夢的時候，也會有這些場景，「有」並不代表就是真實。

下面，具體分析一下這個問題。

二、怎樣證明人生如夢

在許多電影和文學作品中，人們常愛說「人生是一場夢」。但人生怎麼是夢呢？他們卻並沒有深入思維過。

古印度著名的寂天論師曾言：「人生如夢幻，無論何事物，受已成念境，往事不復見。」人生就像夢幻一樣，不管是什麼，發生之後便徹底消失了，一切只能成為回憶，就跟夢境一模一樣。

我們過去的一切，跟昨天的夢沒有任何差別。不管你曾遭遇過什麼，人生是曲折還是成功，發生了就不會再重演了，這是不是跟夢中一樣呢？就拿我來說，幾個月前也來過香港，但如今一切都已成了回憶，這跟夢裡來香港確實沒有什麼不同。

寒山大師說過：「昨夜得一夢，夢中一團空，朝來擬說夢，舉頭又見空。」他說昨天晚上做了一個夢，夢中一切全是空的，早上起來準備說夢話，舉頭一看，又見到萬事萬物也是空的。同樣，我過去說的話、做的事，似乎是真實不虛的，但實際上舉頭一看，也只不過是昨天的一場夢。

這一點，每個人都需要明白。否則，你對感情、對生活太執著了，結果會帶來什麼呢？除了巨大的痛苦，不會有別的。所以，我們務必要懂得人生不真實的一面。

不知道你們有沒有看過《中觀四百論》？它是聖天

仁波切香港大學答問錄——打開心扉的密鑰

論師撰著的，內容非常好，論中說過：「諸法如火輪，變化夢幻事。」龍猛論師在《中觀根本慧論》中亦云：「如幻亦如夢，如乾闥婆城，所說生住滅，其相亦如是。」所以，世間的一切法如夢、如幻、如海市蜃樓，雖然有各種顯現，但其真實的本體，一點一滴也不存在。

當然，這個道理，並不是一種宗教說法。現在很多年輕人對宗教比較排斥，認為現在是新世紀、科學時代，宗教早已過時了，人們追求先進科技就可以了，這是最大的一種誤區。如果沒有宗教對心靈的指導，那麼科學家的聰明、創造力，很可能成為危害無數生靈的工具，甚至讓人類自取滅亡。

現今的80後、90後，大多只關心今後找一份好工作、討一個好對象、買一套好房子，有了這些，人生似乎就特別滿足。而一提起宗教，他們往往認為：「這是宗教人士的事，我根本用不上，我只要學好專業知識就可以了。」其實並非如此，且不說別的，倘若你不懂得人生如夢，就算擁有再超勝的學識，人生也不一定能找到正確方向。

其實，古代很多文學家，對人生如夢的道理，也是非常贊同的。唐代詩人李白就說：「茫茫大夢中，惟我獨先覺。」在人生這場大夢中，他認為唯獨自己最先覺悟。當然，他的覺悟有多深也不好說，但不管怎麼樣，古代先哲通過「夢」的比喻，而看破了人生、認識了心性，這種現象大有人在。

逐夢人生・開啟心靈教育

在藏傳佛教中，關於怎樣證明人生如夢，也有許多精彩的辯論。比如說，一方可以站在醒的立場上，列舉理由說醒是真的、夢是假的；而另一方站在夢的角度上，以理反駁說醒和夢都是虛假的。儘管很多人剛開始認為，夢是假的、醒是真的，但通過辯論之後，就會知道這二者沒有任何差別。

因為當你做夢時，眼睛看得到、耳朵聽得到、手摸得到，一切顯現看似真實，但醒來後什麼都沒有了。那麼同樣，你現在眼、耳、手所接觸的一切，到明天也全部沒有了，跟夢中沒有任何不同。所以，過去的事是昨天的夢，未來的事是明天的夢，眼前的一切是正在做夢。

有人或許不這樣認為：「你看，做夢的時間非常短，而我醒來的時間，有一輩子那麼長。所以，醒和夢肯定有很大差別。」這種說法不合理。做夢也有時間很長的，比如藏傳佛教的一位大德，他在夢中到清淨剎土就待了21年，醒來後才知道是一夜長夢。

還有，在漢地的「黃粱美夢」中，一個貧窮的讀書人於店主做黃米飯時睡了一會兒，夢中就經歷了娶妻生子、享盡榮華富貴，一直到最後死亡的整個過程。可是他一夢醒來後，店主做的黃米飯還沒煮熟。

此外，「南柯一夢」中也講了，有個人過生日時喝醉了，在大槐樹下不知不覺就睡著了。夢中他娶了公主，生了很多孩子，並被皇帝派往南柯任太守。在那裡過了20年

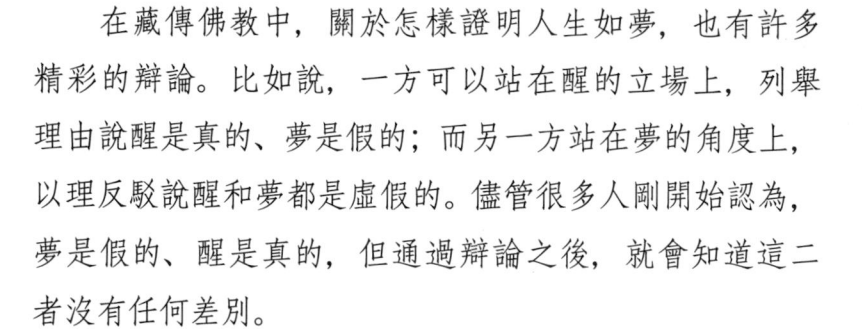

後，有一次敵國入侵，他出征被打得一敗塗地，回去時妻子也死了，皇帝對他非常不滿，將其撤職，遣送回老家。他想自己的一世英名毀於一旦，羞憤難當，大叫一聲，結果就從夢中驚醒了。此時，天上的星星才剛出來。

可見，夢境與現實的時間，哪個長、哪個短也是不一定的，不能以時間來衡量孰真孰假。

明白了這一點後，如今的一切顯現對我們來說，到底是夢境還是醒後，確實值得好好思考。就像莊周夢蝶，莊子在夢中變成了一隻蝴蝶，翩翩起舞、悠然自得。可突然夢醒了，蝴蝶成了臥在床上的莊子。此時，莊子不知是自己剛才做夢變成了蝴蝶，還是蝴蝶現在做夢變成了莊子？

這則寓言有非常深刻的寓意，但現在很多人認為莊子太傻了，以前我遇到一位北京大學的學生，他就堅定地說：「古人很笨啊！明明是莊子在夢中變成了蝴蝶，他卻懷疑是蝴蝶在夢中變為莊子。」其實，隨意輕視古人的思想，自以為非常聰明，這往往會犯致命的錯誤。所以，希望大家應善於思考，看自己現在到底是在做夢，還是在真實中？假如你認為不是在做夢，真實的依據又是什麼呢？

其實，人生就是一場夢，而夢也有好壞之分。就拿卡扎菲來說，剛開始他做的是好夢，人生很快樂、事業很輝煌；可最後卻妻離子散，自己死在了士兵手裡，屍

體鮮血淋漓，這就是一個惡夢。當然，假如他生前造了很多惡業，未來在漫長的輪迴中，還會不斷地做惡夢，什麼時候完結，就看惡業種子什麼時候滅盡了。

以上道理，在佛教的諸多經論中有詳細描述。如果你去學習這些，尤其是藏傳佛教蓮花生大士的中陰法門，就會明白人生如夢的諸多道理。一旦你對此修行到了一定程度，行住坐臥、所作所為就會皆觀為夢境。

那麼，這樣的境界，會不會讓人生變得消極呢？現在有不少人比較擔心：「學了佛就要剃光頭、穿袈裟，到寺院裡當和尚。這樣的話，人人都出家了，誰來當農民、當工人呢？」

其實，這完全是杞人憂天，出家並不是任何人都有緣分的。就像你們教育學院，如果辦得很好，會不會所有人都來當老師呢？絕不可能，當老師也有它的資格、條件。同樣，出家也是如此。

總之，了知萬法為夢，並不會因此而變得消極。只有懂得了這個道理，才知道人生究竟要追求什麼，這是最為關鍵的！

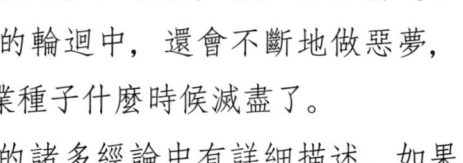

三、以《黑客帝國》①來領悟人生

這一點，若是只用佛教的理論來分析，有些人不一定聽得進去。那麼，下面就用世間人喜歡的例子，來看看人生是不是一場夢。

相信你們都看過美國大片《黑客帝國》，這部描述 22 世紀人類與機器人作戰的科幻電影，對現實與虛幻也有深層的思考。在這部電影中，人類被機器人所控制，沉溺在虛擬世界中卻不自知，尼奧則扮演了一個救世主的角色，負責把人類從虛幻中叫醒……

儘管現在人類還沒有進入 22 世紀，機器人也不像電影中描述的那樣，與真人一模一樣，但如今這個時代，很多人都被高科技所束縛，完全離不開它。試想，假如哪一天全世界沒電了，人們可能什麼都做不了——門怎麼開？車怎麼加油？高樓怎麼上下？手機怎麼打？電腦怎麼用？……這些都是非常要命的。所以，高科技占據了越來越多的生活空間，人們根本找不到昔日的寧靜。

當然，有些寂靜地方的人，暫時還沒有受到特別大的影響，依然過著清閒的生活，有時間喝喝茶，也有時間觀觀心。所以，我並不羨慕城市人的生活，他們內心充滿浮躁、焦慮、恐懼、競爭，每天有做不完的事，但

逐夢人生・開啟心靈教育

---

①美國1999年電影"The Matrix"，中國大陸中文譯名："黑客帝國"，香港中文譯名："22世紀殺人網絡"，台灣中文譯名："駭客任務"

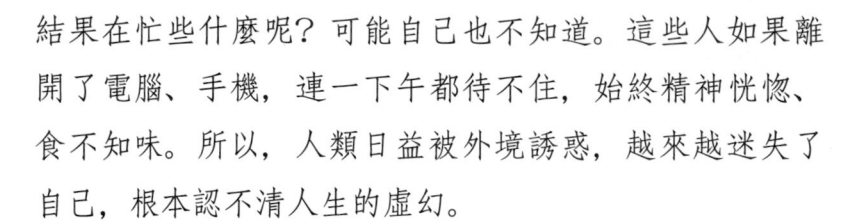

結果在忙些什麼呢？可能自己也不知道。這些人如果離開了電腦、手機，連一下午都待不住，始終精神恍惚、食不知味。所以，人類日益被外境誘惑，越來越迷失了自己，根本認不清人生的虛幻。

清華大學有一位蔣勁松教授，就曾以佛教的智慧，解釋了《黑客帝國》的故事情節，那種解釋確實比較有意義。不過，只是理論上明白了，還遠遠不夠，如果我們從修行上、從生活體驗中，去觀想、去串習，那麼這部電影所揭示的現實世界如夢幻之理，才會給我們帶來更深層的感悟。

你們實在沒興趣看佛經的話，也可以看看這部電影。現在西方人比較關心這個世界，有些電影拍得還是比較不錯，背後應該潛藏著一些宗教思想。當然，這些宗教思想，並不像 70 年代（中國大陸）所宣傳的那樣，是一種毒品、一種麻醉藥。這種論調特別可怕，香港應該沒有受過這方面的染污，但在大陸，很長一段時間內，好多人一提起宗教就嗤之以鼻，無論是在學校，還是其他場合中，宗教始終受到不平等的待遇，自然，信宗教的人也會被另眼相看。

其實，宗教的信仰和研究，對我們人生有非常大的幫助。因此，希望大家借助現代的高科技，包括電影、電視等傳媒，來重新認識宗教、評價宗教，以明了生命的意義和價值。

仁波切香港大學答問錄——打開心扉的密鑰

四、了知如夢就不會執著

然而，現在有些人並不關心這些。聽說你們教育學院的一些學生，也沒有將精力投入到真正有用的知識上。如果在大學裡迷迷糊糊地過了三四年，到了畢業時，什麼都沒有學到，不知道怎麼樣當老師，那到時候再去學，就已經來不及了。然後，等你到了社會上，自己也不好好教書，每天就想著掙錢，這樣的人生有什麼意義呢？

倘若你明白了人生是夢，就不會特別執著錢財，也不會過於貪戀感情，動不動就想跳樓自殺。畢竟，諸法因緣生，諸法因緣滅，因緣不具足的話，有些事再強求也無濟於事，太執著只會給自己帶來痛苦。

憨山大師說過：「榮華終是三更夢，富貴還同九月霜。」榮華猶如三更的夢，很快的時間就會醒來；富貴也如同九月的霜，瞬間便會化為烏有。就像一些官員，在任的時候，人們見他一眼也深感榮耀，跟他握個手都覺得非常光榮，但後來他因貪污而東窗事發，淒慘地被關在監獄裡，此時好多人馬上就跟他劃清界限，牆倒眾人推……

順治皇帝在《出家偈》中也說過：「百年世事三更夢，萬里江山一局棋。」可見，一切榮華富貴皆為無常。但若不懂這個道理，一旦無常降臨到了頭上，自己就沒有站立起來的勇氣。前段時間，有個人傷心地對我說：「我老公的工廠倒閉了，他已經破產了。有錢的時候，人人

逐夢人生・開啟心靈教育

都拼命巴結我們，現在卻躲得遠遠的，我們再也沒有希望了……」看她的樣子特別可憐。其實，生活就是這樣，苦樂一直在此起彼伏，如果你沒有任何信仰，對此沒有做過準備，可能覺得痛苦是突如其來，一遇到挫折就怨天尤人。

但如果你從小學習過一些佛教思想，至少也會知道：這種現象並不是由於今生太倒霉，而是跟自己前世的業力有關。有了這樣的認識，很多事情就會想得開，發生什麼也比較容易接受。

大家想一想，去年發生金融危機時，美國有多少家企業破產？中國又有多少中小企業倒閉？假如對人生如夢的道理一無所知，對地位、財富沒有正確認識，一旦遇到這樣的情況，自己肯定接受不了。所以，無論是什麼樣的人，都需要重新審視自己的人生。

現今社會，儘管沒有金錢寸步難行，但若過分去執著它，也會毀壞自己的良心、道心、慈悲心。如今的很多人，似乎已成了《黑客帝國》中的機器人，他們從早到晚一直在忙，但最終追逐的都是虛幻，根本不知道自己到底在忙什麼。有些人的生活明明很富足，可仍在漫無邊際地擴展事業，欲望的巨坑始終也填不滿，這樣的話，就算你擁有再多財富，痛苦和困惑也會接踵而至。

所以，你們年輕人應當學一些佛法的道理。在香港，宗教很開放，大家聽的法也比較多，但許多人卻沒有真

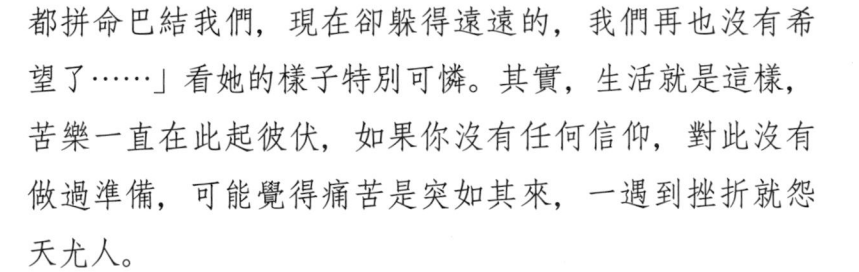

正思維過、修行過。如果沒有深入挖掘某個竅訣，那麼一旦遇到挫折，什麼佛教知識都用不上，就像在學校讀了十幾年書，到了工作崗位上時，所學的基本都沒用一樣。因此，佛法若只留在文字上，光是聽一聽而已，那意義並不是很大。

當然，你們無論是老師還是同學，也不可能把所有精力都用在佛法上。但不管怎麼樣，至少要明白人生是一場夢，這個問題，從今天開始要仔細想一想，看自己能不能推翻這種觀點？如果不能，今後的人生又該如何取捨？

現在的年輕人，把時間都用在研究西方的科學技術上，儘管這也無可厚非，但對於心靈領域，我們東方有殊勝的宗教教義，如果對此一無所知，這是相當可惜的！

而若想在心靈領域中有所受益，就一定要往前追溯，看看2500多年前，釋迦牟尼佛在那麼多的經典裡，到底是怎麼講的？這些教義是否適合現代人？如果適合，對自己唯有利益而無損害，我們為什麼不接受它？當然，其他宗教中有助於遣除痛苦的教義，我們也應如此對待。這樣一來，人類才算是真正的進步，否則，一直追求虛幻的生活，只會讓自己痛苦不堪。

逐夢人生・開啟心靈教育

五、怎樣修持一切如夢

其實，人生在世，最根本的問題就是生死大事，生老病死是每個人都要面對的，用什麼方法才能超越它？是我們不得不考慮的問題。

在佛教中，超越生老病死的方法很多，比如夢修法等。但這些不能只停留在口頭上，而應每天安排一些時間，切切實實地修行。否則，人生特別短暫，一旦錯過就沒有機會了。

只有明白了一切如夢如幻，對萬法才不會特別執著，這是極為殊勝的一種中觀教言。也就是說，在勝義中，諸法皆為空性，了不可得，遠離一切思維、分別、語言，這也是諸佛菩薩的超勝境界，就像《金剛經》、《妙法蓮華經》、《華嚴經》中所描述的那樣；而在名言中，一切法如夢如幻，雖有顯現，但非實有。這種見解，是般若中觀的最高見解。

那麼，觀想一切如夢如幻，會不會太消極了呢？並不會。這就像我們在做夢時，為了消除夢中的恐怖，需要依靠夢中的對治方法一樣。當然，沒有實地修持過的人，對此不一定完全明白。所以，這些道理在日常生活中必須要修，若能持之以恆地訓練，最終自己定會有所了悟，此時，不管你走路也好、坐著也好、晚上睡覺也好，都會安住在如夢如幻的境界中，雖然一切都在顯現，卻不

會特別耽著它。然後在此基礎上，你再繼續觀察它的本性，就會像《心經》所講的一樣，終將到達不可言思的彼岸，證悟最甚深的境界。

這種境界，實際上並不是一種傳說。現在很多人，尤其是學術界的人，把佛經講得頭頭是道，但從來也不去修，自己不修，也不讓別人修，這種行為很不可取。我們學習任何一個知識，學了以後卻用不上，就像衣服做了卻不去穿，只是掛在衣架上一樣，對誰都不起任何作用。

當然，想用上也不是那麼簡單的。你們學習幾何、物理、化學，沒有花一定的時間，肯定無法將其要義靈活運用。同樣，人生如夢的這個道理，若沒有付出精力去實修，也不可能掌握它的奧秘。只有深入地探索了、修行了，才會在面對生活、工作、人生時，既不會過分地貪求，也不會消極地逃避，而會尋找中庸之道，懂得掌握其中的分寸。

現在的許多人，很多分寸掌握不好，一直盲目地追趕時髦，明星怎麼弄頭髮，自己也怎麼弄；喬布斯留鬍子，自己也要留鬍子，這叫隨波逐流，沒有「剎車」的能力。這些人根本不知道怎麼面對人生，人生建立在物質上還是內心上？其實，對每個人來說，內心的隨緣、看破、寧靜，遠遠比外在的裝扮、金錢更重要。如果給你一件名牌衣服，表面上價格非常昂貴，但實際上也不過如此。而且，它並非在哪裡都可以穿，如果是一件厚衣服，天

逐夢人生 · 開啟心靈教育

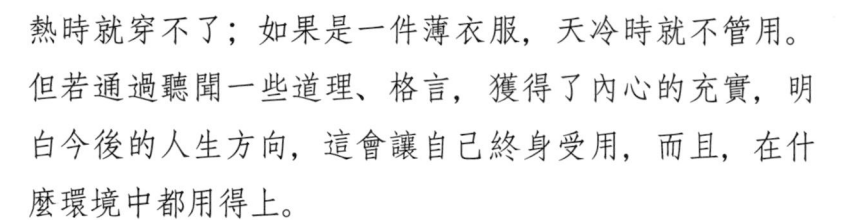

熱時就穿不了；如果是一件薄衣服，天冷時就不管用。但若通過聽聞一些道理、格言，獲得了內心的充實，明白今後的人生方向，這會讓自己終身受用，而且，在什麼環境中都用得上。

當然，我今天也不算是演講，想什麼就講什麼，提前也沒有做什麼準備，只是跟大家隨便聊聊。其實，你們很多人喜歡追求外在的時尚，自己的內心世界，卻常被忽略得一乾二淨。且不說甚深的宗教教理，就算對生活特別管用的學問，也幾乎不聞不問，這一點是我非常擔憂的。

你們年輕一代，不懂佛教的最高境界，像密法的虹身成就等也情有可原，這些對很多人來講遙不可及，你只要不誹謗就可以了。但如果沒有基本的愛、孝順、無私、利他等理念，這個社會以後會變成什麼樣？真的令人很難想像。

可能有人認為：「這個社會怎麼樣，跟我沒關係，我只要吃飽、有錢、快樂就可以。」其實，如果你不關心社會，自己慢慢也快樂不起來。只有懂得付出、關愛他人，才會明白快樂的真諦。假如一個人的心很黑，整天害這個、害那個，過一段時間，自己也會為此付出代價，而只有用今生的一切服務別人，才很容易找到真正的快樂。

因此，這個社會很需要善良的人。倘若人人沒有善心，不相信因果報應，那在高科技的催化下，人類的未

來只會更加悲慘。所以，希望每個人能找到內心的自我，只有明白了人生如夢，對一切斷除執著，心才會獲得遠離束縛的寂靜。如《華嚴經》云：「三有悉如夢，寂滅心無縛，解世如夢性，不依於世間。」

不過，這樣的境界，不是一般人能達到的，只有依靠出世間佛菩薩智慧的引導，才能完全通達《金剛經》所說的「凡所有相，皆是虛妄……離一切諸相，即名諸佛」。此時，你才會明白萬法如夢幻般不實，一旦離開了所有幻相，這就是真正的佛陀，也是真正的自我。

這些道理，在大乘經論中有詳細描述。當然，我在這裡並不是一味宣揚佛教殊勝，而是想讓你們明白古聖賢教育的重要性。這些在當今時代尤為重要，是人人不可缺少的心靈教育。有了它，你以後在這個世界上，做什麼都會遊刃有餘。

世界上有不同的行業，人們為了謀生，經常需要改行，在各種行業之間變來變去，而心靈的教育，不管你在哪個行業中，都可以用得上。比方說你是金融人士，在教育行業中，自己原有的專業就力不從心了，但宗教的善心、德育的教育，無論你處在什麼環境中，時時刻刻都離不開它，而且它永遠也不過時。

所以，如今人們急需這種尋找自我的教育，以此來定位自己的人生方向。只有方向正確了，生命才會更加燦爛，並且具有重大的意義！

逐夢人生・開啟心靈教育

附：

香港教育學院問答

『2011 年 11 月 23 日晚上』

（一）問：我是香港教育學院英語專業的學生。剛才您說人生如夢，到最後都是一場空。既然有意義的人生跟無意義的人生，到頭來都是一場空，那我們為什麼還要賦予人生意義呢？

答：人生如夢這一點，不要說是我，你也會承認的。你可以想一想，自己最後死的時候，畢生的一切會不會成空？肯定會。但因為遲早會死，你現在就什麼都不做了嗎？也不是，該努力的還是要努力。

所以，我剛才始終都在強調，一定要積極面對人生。儘管人生是一場夢，但對未來生生世世有意義的事，還是要盡力去做，這二者並不矛盾。

（二）問：我是香港教育學院的研究生。請問，如果人生是一場夢，那我們是活在自己的夢中，還是活在別人的夢中，或者說整個世界本來就是一場大夢呢？

答：你們喜歡說「如果」人生是一場夢，但站在我的角度，這並不是「如果」，而是「絕對」是一場夢。

仁波切香港大學答問錄——打開心扉的密鑰

這可以從兩方面來理解：一是我們現在正在做夢；二是這個世界就像《黑客帝國》中所說，本來是一個虛擬的世界。這種觀點，根本找不到理由推翻，畢竟這個世界若是真實的，就不可能衍生出萬事萬物，那電話、網絡等也不可能出現了。

所以，我們確實是在做夢。宋朝的王安石也說：「死生如覺夢，此理甚明白。」他說生死本來是一場夢，這個道理再明白不過了。當然，有些人通過長期的思維和觀察，對此才能真正有所體會，或者像個別人，感情上遇到了危機，才願意正視人生如夢的真相，知道有些事不過是自欺欺人罷了。

因此，這個問題，你們還需要去深入思索，它並不是有些人想的那麼簡單。

（三）問：我是香港教育學院中文系的學生。現代人有個很突出的問題：千百年來，還是學不會怎樣去愛。那在佛家看來，對愛是怎麼理解的？如果佛的愛是普度眾生，那誰來愛佛呢？

答：所有眾生都愛佛不好嗎？世間人常說：「你愛我，所以我愛你。」這樣推的話，佛愛所有眾生，那所有眾生也應該愛佛，不愛的話，就有點沒有良心了。（眾笑）

問：我明確一下，眾生愛佛是對佛有寄託，但佛愛眾生，是無欲無求的。我覺得這種愛不對等，您怎麼看

逐夢人生・開啟心靈教育

22

這個問題呢？

答：呵呵，我剛才是在開玩笑，但也是真實的。

其實，世間人的愛有兩種：一種是占有，一種是付出。但不管是哪一種，都屬於一種小愛——你愛我，我就愛你；你不愛我了，我恨你。甚至有一本書叫《愛你愛到殺死你》，由此可見，這樣的愛有多可怕。

但佛陀愛眾生，是一種慈悲，這種慈悲分為有緣、無緣兩種。無緣的愛，是從法界空性層面來講的，現在我們很難理解；但有緣的愛，也是沒有任何條件的，佛把所有眾生都當作自己的兒女，只要眾生痛苦了，就會想方設法去幫他。這種愛叫做大愛，也是我們常說的大慈大悲，它遍於一切眾生，甚至有些眾生不愛佛，佛陀也根本不會報怨，這在佛陀的傳記中比比皆是。

所以，別人對我好，我一定要報恩；別人對我不好，我絕不能報怨，更不能報仇，這是佛教對「愛」的基本原則。

不過，現在有些佛教徒，經常做不到這一點，他們是：你對我好，我才對你好；對我不好，我也對你不好。但這是世間的做法，並不是佛教的行為。

（四）問：我是教育學院中文系的研究生，非常榮幸能在這裡見到您！現在特別多的年輕人，對人生這場夢非常留戀，因為夢裡有太多的誘惑，他們不願意醒來，寧願永遠沉淪下去。請您開示，我們應當如何生起出離

心？

答：首先，一定要懂得為什麼要出離？人生這場大夢，眼前看似快樂，最終是不是離不開痛苦？

現在許多年輕人，儘管對佛教並不排斥，但從來沒有深入修學過，只是對很多道理一知半解，遇到誘惑時這些根本不起作用。相比之下，大陸有些大學生和老師，學得就特別扎實，修得也非常好。所以，你們在學習世間知識的同時，也應該多方面了解一下佛法，而且該修的一定要修。

如今的誘惑確實特別大，就拿電子遊戲來說，明明是虛幻不實的，許多人卻對此非常癡迷，玩起來通宵達旦、廢寢忘食，實在是夢中做夢，特別可憐。而要想真正生起出離心，就先要通過聞思佛法，明白三界輪迴無一不是痛苦，不管生也好、死也好，痛苦始終無處不在。只有對這一點有所認識了，才會自然而然生起出離心。

（五）問：我學佛後，發現身邊的朋友占我便宜、欺負我，都盡量寬恕他們，因為一切如夢如幻，又何必執著？但是，如果我繼續忍辱，別人會把我看作最愚蠢的人，我該怎麼辦呢？

答：忍辱是很明智的選擇，你還是要不斷地安忍、不斷地寬容。

雖然世間上有個別人，對這種做法不一定理解，但

我們這個社會確實需要包容與關愛。不管別人怎麼樣侮辱、欺負我們，我們還是應當以德報怨，用最廣闊的心態去愛他，這就是菩薩無礙的安忍。

（六）問：我想有些事會對一個人好，可是對方不理解我，跟我的想法不同。這時候我是想辦法改變他，還是一味地遷就他呢？

答：佛教中講了，每個人前世的業力不同，所以，愛好、思維千差萬別，經常發生衝突也很正常。

包括一家人，沒有結婚前，兩個人不太了解對方，結了婚以後，由於思想不同、行為不同，好多矛盾就產生了，他喜歡的我不喜歡，我喜歡的他不喜歡，由此動不動就會吵架。此時要盡量地忍讓、寬容，假如做不到，彼此都各執己見，那衝突肯定會此起彼伏。

要知道，你的想法，也不一定每次都正確。你感覺好的事物，拼命地想強加給別人，但也許並不適合他。所以，在與任何一個人相處時，隨順對方非常重要。

哪怕出門住一個賓館，一個人喜歡開燈，一個人非要關燈，脾氣不好的話，在這小小的問題上，也會發生很大的爭執，最後自他都非常苦惱。但如果隨順別人，懂得一切隨緣，那麼他開心，你也很開心。

現在很多家庭不和，成天鬧離婚，也是因為性格合不來。一個人說中午喝稀飯，另一個人卻非要吃麵，然

仁波切香港大學答問錄——打開心扉的密鑰

後話不投機就吵了起來，甚至最後大打出手，這有必要嗎？沒有必要。所以，我們一定要學會隨順眾生。

（七）問：我先修顯宗，後修密宗，或者顯密同時修，會不會影響修行的效果呢？

答：不會。其實，我們藏傳佛教中，全部是顯密圓融，不可能單獨修一個顯宗或密宗。顯宗和密宗是相輔相成的，二者一起修不會有任何影響。

現在有些不懂佛教的人，經常聲稱顯密水火不容，甚至認為藏傳佛教只有密宗，這種觀點很不合理。其實，藏傳佛教對於顯密都要修學，像《心經》、《金剛經》等顯宗經論，我們佛學院都曾學過，從來沒有只修一個密宗的。

因此，對顯密教法不了解的人，千萬不要信口開河，佛陀的所有教法，都是融會貫通的。

（八）問：請問，菩薩的夢，和凡夫的夢有什麼區別？

答：二者差別很大。比如，菩薩對白天的一切顯現不會執著，晚上做夢時也常遊歷清淨刹土，將種種夢境轉為道用，不像我們的夢中有各種煩惱。

（九）問：我在修安忍的時候，覺得應該讓對方知道自己的錯誤，告訴他這麼做是不對的，不知這樣是否

逐夢人生・開啟心靈教育

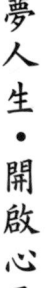

可取?

答：如果你發心是好的，不想讓他的惡行再繼續蔓延，那是可以；但若有自私的念頭，對他生起了嗔恨心，那就不可取了。

（十）問：我們很多人在網上聽了您講法，覺得非常欣喜，大家有個共同的問題是：如果想跟隨您到佛學院學習，不知要具備什麼樣的條件？應該如何做？

答：佛學院的海拔比較高，住處也不方便，一般人去了還有高山反應等，所以，不一定非要去佛學院不可，通過網絡、光盤來學習也很好。

而且，我在佛學院所講的法，除了極個別密法之外，全部是對外公開的②。現在的網絡十分發達，依靠這種方式學習，可能更加方便一點。

（十一）問：我是個初二的學生，信佛也有兩三年了。但最近我上了中學，是基督教辦的，我跟同學說自己信佛，就會遭到歧視。請問，我應該如何面對？

答：你的問題很好，也很實際！處在基督教的學校裡，可能是有些人不理解你，但也可能是你自己的心理作用。

一個人無論信什麼教，哪怕外境的違緣再大，信仰

---

②智悲佛網一直在公布索達吉堪布傳法的相關視頻、音頻、講義。尤其是「法音頻道」、「菩提講堂」，週一到週五晚上會直播堪布的講法。

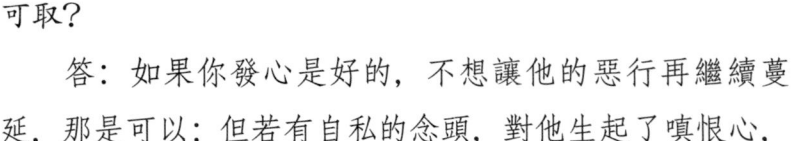

仁波切香港大學答問錄——打開心扉的密鑰

也最好不要輕易改變。聽說在香港這邊，有佛教的老師到基督教的學校講課，也有基督教的老師到佛教的學校講課，彼此之間還是互相尊重、互相學習、互不排斥的。

本來，學宗教的人在社會這個龐大群體中，占的比例並不大，而且許多宗教中，都有慈悲的一面，所以，我想你在那裡應該不會有特別大的困難，或許是你的心理作用。當然，假如有些人的行為比較過分，那採取一些措施來調解，也是有必要的。

總的來講，宗教之間發生衝突，宗教徒之間互相排斥，這是我們不希望看到的，有理智的人應該不會這樣做。

問：我家也有人出家，但現在許多人，包括親戚在內，都不接受這種行為，認為出家是很悲慘的事情。請問，您對此怎麼看待？

答：他們覺得出家很悲慘，其實我在剛出家時，周圍的人也有這種感覺。雖然在我們藏地，對於出家的行為，人人都特別讚歎，但當時我的老師、同學、朋友特別傷心，覺得這個人已經完了。不過慢慢地，他們對我的出家似乎也能接受，並沒有那麼討厭。

出家人在有些團體中，是比較敏感，容易受到歧視。但在有些地方，出家人也非常受歡迎，很多人對他比較恭敬。如今在許多國家，越來越多的人接受出家人、尊重出家人，並不像七八十年代那樣了。

對你個人來講，不管別人怎樣看待，自己都要堅強，

逐夢人生‧開啟心靈教育

應當以出家為榮，在親友面前經常「炫耀」出家的功德。若能如此，久而久之，過去特別反對的人，以後可能也有出家的緣分。

（十二）問：我是讀金融的。請問，懂得人生如夢，可以讓人遠離執著，但追求佛法，難道不也是一場夢嗎？

答：追求佛法也是夢。但對於做夢的人來講，依靠這種方法，可以讓自己從夢中醒過來。

剛才我在演講中清楚地說過，積累如夢如幻的資糧，得到如夢如幻的智慧，遣除如夢如幻的障礙，最後獲得如夢如幻的佛果。所以，現在的我們追求佛法，雖然是在做夢，但夢中也有痛苦，依靠佛法可以消除，並最終得到解脫的安樂。

這個道理，你若想更深層地了解，可以看看《華嚴經》、《虛幻休息》等。

主持人：

現在問答正式結束，有請何榮漢博士總結致辭——

何榮漢博士結語：

聽完之後，我也知道自己沒有資格去作評論，但我相信大家都是懷著很大的感恩心，聆聽了堪布剛才的演講。

仁波切香港大學答問錄——打開心扉的密鑰

古人看到世界的不斷變化，早就提醒過我們：沒有一樣東西能捉得住。到了現代，這種觀點似乎更加震撼人心。所以，我很認同堪布的觀點，現代人更加需要宗教的心靈教育，以面對這個世界，面對生活中的很多變化。

佛家講，人生如夢，一切都是夢幻泡影；我們基督教也認為，人生就像一棵草，早上發芽生長，晚上就凋萎枯乾，一切都如飛而去。其實，這都說明了人生的無常與虛幻。

香港是全世界人均壽命最長的地方之一，但儘管如此，有些小孩在十來歲就跳樓自殺了。所以，當今非常需要堪布這樣的大師，與我們分享生命、心靈的體驗，或者說，需要以佛家所講的道理，去面對世界出現的各種變化。對基督徒來說，比如我自己，會堅信永恆上帝的恩典與賜福。

其實，佛教與基督教，都教人在這個不斷變化的世界中，用感恩心去面對一切，用平常心去面對得失，打破執著，學會如何安身立命，並為自己、為他人、為世界帶來吉祥和幸福！

相信大家今晚來鄙校聆聽堪布的心得分享，在宗教、心靈方面，都有一分喜樂、一分滿足。也願大家盡量與周圍的人分享，將福祉帶到生活的每一個角落。

最後，祝大家身體健康、生活愉快！

逐夢人生・開啟心靈教育

香港科技大學演講：
科技發達時代的佛法教育

『2011 年 11 月 24 日晚上』

主持人致辭：

大家好！我是「內地學生學者聯誼會」主席，這次很榮幸地邀請到堪布來到香港科技大學，為我們「傑出學人講座」獻上他非常精彩的思想分享。

今天的主題是「科技發達時代的佛法教育」，是堪布特意為我們選的。下面，請人文學部黃敏浩教授致歡迎辭——

黃敏浩副教授：

很榮幸得到邀請來致辭！

本次演講的主講人是索達吉堪布。堪布是四川甘孜爐霍人，現任喇榮五明佛學院主管漢僧的大堪布。堪布因深感漢地佛教徒不易接觸到真正的藏傳佛教，所以一直以來，將大量藏文經論譯成漢語，並以竅訣的方式進行傳講。二十多年來，堪布常常講、常常譯，出版的書有一百多本，包括中觀、般若、因明、俱舍、戒律等譯作，以及講記、開示等，可謂數量龐大。

近年來，堪布以網絡、視頻等科技手段傳法，並且

仁波切香港大學答問錄——打開心扉的密鑰

發起了「啟動愛心」的號召，勸勉佛教徒不應漠視身邊的可憐人。同時，他本人身體力行，先後建立了小學、養老院等等。

在上世紀90年代，堪布還曾前往世界各地弘法，他去過的地方很多，有印度、不丹、尼泊爾、日本、新加坡、馬來西亞、泰國、美國、加拿大、法國、德國、荷蘭、英國等地。

堪布在清華、北大、人大、復旦、南大以及香港中大、理大等地都做過演講，今天很榮幸能夠邀請到他來我們科大演講，有請——

科技發達時代的佛法教育

大家好！很高興來科技大學與諸位交流。黃教授的介紹中說，我的書有一百多本，但實際上，多數是我的講課理成了文字；另外的幾本，則是我翻譯的藏傳珍貴論典。

我對自己的書沒有信心，但對所譯的經論有信心，裡面的確蘊含著甚深的意義，很有價值。以前，因為歷史原因或者語言隔閡，許多人對藏傳佛教不太了解，所以，我就發心翻譯了一些藏地著名高僧大德的教言。在翻譯中，也許有少量因水平有限所致的錯誤，但我翻譯的態度特別嚴謹，應該不會有大的問題。

值得一提的是，在我所譯的文字中，有一部分是藏

32

傳佛教中極為珍貴的密法，很少公開，是法王如意寶晉美彭措住世時開許過才譯的，要獲得相應的灌頂才能看；還有一些是比較公開的密法，以及漢地難得的顯宗經論，也是考慮到或許對後人有利才譯的。除此之外的多數文字，是我的平時講課，個別發心人員整理出來，也就成書了。這裡順便說明一下。

仁波切香港大學答問錄——打開心扉的密鑰

一、科技發達時代的失衡現象

今天的主題是「科技發達時代的佛法教育」，我很喜歡這個題目。因為現在是科技時代，而你們又是科技大學，在此時此地探討科技與宗教，應該很有意義。否則，越來越發達的科技，如果失去了宗教的引導，那它對人類是有利還是有害，就難說了。

愛因斯坦講過：「沒有宗教的科學是跛子，沒有科學的宗教是瞎子。」我思索以後，這樣認為：當科學離開了宗教的引導，那麼這種科學在行進時，很可能會損害自然、社會及人類，有害的就不會被認可，所以它走不快也走不遠，甚至會倒下來，就像跛子一樣；同樣，當宗教不能與時俱進，經不起科學的驗證時，它的教義也很難被普遍信賴，就像盲人一樣，在方向上總是不太確定，這樣一來，讓跟隨者也常常有「盲修瞎煉」的疑惑。

當然，愛因斯坦所謂的宗教——尤其是能引導科學的宗教，不一定僅指佛教，但從他的很多語言③可以看出，他對佛教非常推崇。對於這樣一位科學先驅的認識，我認為，作為科技大學的知識分子，有必要重視；而這種重視，或許有助於解決如今社會的失衡。

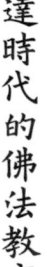

科技發達時代的佛法教育

③比如愛因斯坦說：「佛教是一切科學的源動力。」「任何宗教如果有可以和現代科學共依共存的，那就是佛教。」「完美的宗教應該是宇宙性的，它超越一個人化的神，無須死板的教條及教義，包含自然現象和精神領域，基於對一些自然的和精神的事物的經驗而成一體，只有佛教才能符合這些條件。」

失衡在哪裡呢？人們追求物質的節奏太快了，也太過了！這一點，諸位應該非常清楚。

如果普遍來看，可以看看人們的腳步。據英國的一個報告說：現在人的步速，比 10 年前加快了 10%。現在比以前快 10%，那 10 年以後呢？肯定更快。人們為了賺更多的錢，為了做更多的事，就只有加快腳步了。人們常說「時間就是金錢，效率就是生命」，但這種認識，和哲學家所謂的「時間就是生命」，其實是有不同意味的。

今天這堂課要兩個小時，對某些人來講，或許真是用他追求物質的生命換來的，換來尋求精神的慰藉。但值不值得呢？應該是值得的。大家知道，隨著科技的發展，跟 50 年前比起來，現在人在物質上有了飛速的發展，可以說有天壤之別，但與此同時，人們的道德是否也快速提升了呢？人們的心靈是否依然安寧、快樂呢？絕對不是！這一點，所有智者是公認的。那這是什麼？這就是失衡！

當人們只看重物質，而缺乏宗教善的規勸，任由良心泯滅的時候，許多匪夷所思的事情就頻頻發生了，比如「毒奶粉」事件，比如「蘇丹紅」事件，比如「孔雀石綠」事件⋯⋯這就是科技被野心大而又毫無人性的人掌握的結果。

這種「科技工作者」，因為掌握了些科技，要發明、製作點什麼，很快而且很容易。但是，由於缺乏良知，

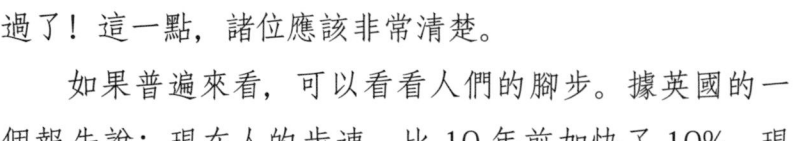

仁波切香港大學答問錄——打開心扉的密鑰

也不像古人那樣畏懼因果，所以，當他只考慮自己而不關心別人的時候，就什麼事都做得出來。在這個時候，說是人，實際跟動物沒什麼差別。

而作為普通人，雖然衣服穿得五顏六色，生活的各個方面也越來越奢侈，可是內心卻越來越空虛，就算是父母與子女之間，也沒什麼感情了。因為要生活，為人父母的每天忙著工作，心裡想的也是事業、金錢、地位，除此之外沒有別的；而為人子女的，能學到什麼呢？也是這些。所以，從家庭到社會，當物欲膨脹以後，那種善的理念——回饋社會、維護世界、利益一切生命等等，也就日趨減少了。

一旦一個社會或國家的物質水平越來越高，而道德水準或人文素養越來越低的時候，就叫失衡——精神與物質失去了平衡。那這種失衡，是進步還是倒退？很值得專家們研究。

科技發達時代的佛法教育

二、佛法教育是當今所需

而作為一個佛教徒，我希望人人知道的是：在當今世界，要調整這種失衡狀態，人們需要佛法的教育。

剛才有同學問我：「你穿的這個衣服叫什麼？」我說：「按佛的戒律，統稱為袈裟。」我一個穿袈裟的人，不管是在知識界中，還是在偏遠地方的老百姓中，到哪兒都會講佛教的基本理念。為什麼去講呢？一方面，因為我自己在學習佛法之後，的確得到了許多真實利益，說出來別人也不一定了解，所謂「如人飲水，冷暖自知」；同時，我也深刻認識到：從佛陀乃至印、藏、漢高僧大德們傳下來的一切教言，全都是無價如意寶，而世間的金錢、地位、幸福，絕對無法同日而語。當然，這是我個人的看法。

而另一方面我也認為，這是現代人的需要。我與大家分享佛法，並不希求什麼，也不是口頭上說好，心裡卻揣著種種目的，不是這樣。當然，作為一個凡夫，如果說毫無自利心，這個我做不到，但我大多數的心思，的確是想真誠地交流佛法：佛法這麼殊勝，人們又這麼需要，那我再累再辛苦，也還是願意去傳播。哪怕讓一個人領會了慈悲與智慧的理念，體驗了寬容與放鬆的心境，我都非常欣慰。如果讓我給錢，給他多少，很快就花完了，但如果是給思想，即使是一點點正確的思想，它的價值也遠遠超過了前者。

所以，無論是藏地、漢地，一些高校讓我去，只要有時間我一定會去，哪怕十幾個人聽也願意講；偏僻地方的老鄉讓我去，也是一樣。我去講法，總是懷著一顆好心，不為別的，就是因為他們需要佛法。

尤其是今天的社會，當人心都轉向外面，德行日趨向下的時候，科技的發達與道德的衰落之間，出現了巨大的差距。這時候，綜合素養相對較高的一些老師或同學，便警惕到了這個問題，甚至開始尋求解決之道。

其實，這也不是不可能的。在發展科技的同時，只要我們漸漸重視這個問題，思維方向有所改變，通過集體或多數人的力量，完全能夠縮短這種差距。尤其是高等學校的知識分子，你們現在或將來走向社會時，心裡一定要先有個意識，知道宗教的重要性。否則，一講佛教就會當作迷信，認為這是念佛的老爺爺、老太太的事，「我們是 21 世紀的年輕人，我們嚮往的是美滿、快樂的生活……」，然而，當你真正面對煩惱、痛苦甚至死亡時，就不得不從虛妄的高山回到真實的平地上，而當你雙腳落地舉目四望時，卻不一定找得到這樣的珍貴理念。

所以，不論你進入什麼樣的研究領域，千萬不要忽略佛教的神秘力量。它對社會人心的作用無可替代，包括在座的同學，其實你們心裡的困惑和痛苦，都能依靠佛法來解決。

《愛因斯坦談人生》裡有一段重要內容，或許會有

科技發達時代的佛法教育

啟迪作用。1950年12月初，愛因斯坦收到一位19歲大學生的來信，信中說：「先生，我的問題是‘人活在世界上到底為什麼？’」之後他說出自己的種種疑惑，諸如「我不知道是誰把我降生於世，也不知道世界是什麼」、「我對萬物一無所知」、「不知道為什麼把我放在這裡而不是那裡」……和現在的大學生一樣，他有許多奇奇怪怪的問題。

收到來信後，沒過幾天，愛因斯坦便毫不敷衍地親自回了一封信。他首先肯定了那位大學生的思考，但他認為，那個提問「不可能有合理的答案」。愛因斯坦說，一個人活著，如果問自己「怎樣度過一生」，應該是合情合理且非常重要的問題，而在他看來，答案就是：「在力所能及的範圍內，盡量滿足所有人的欲望和需要，建立人與人之間和諧美好的關係。這就需要大量的自覺思考和自我教育。不容否認，在這個非常重要的領域裡，開明的古代希臘人和古代東方賢哲們所取得的成就，遠遠超過我們現在的學校和大學。」

這些內容我記得很清楚。從最後這一句話——「不容否認……」，可以看出，愛因斯坦在「自覺思考和自我教育」的道德層面，明顯傾向於古代哲人們的思想。

現在很多年輕人想改變世界，就像喬布斯一樣，以一種事業利益整個世界，可是，如果不是有一些前世因緣的話，再怎麼想，也不一定能實現。即使你一本一本地看那些成功

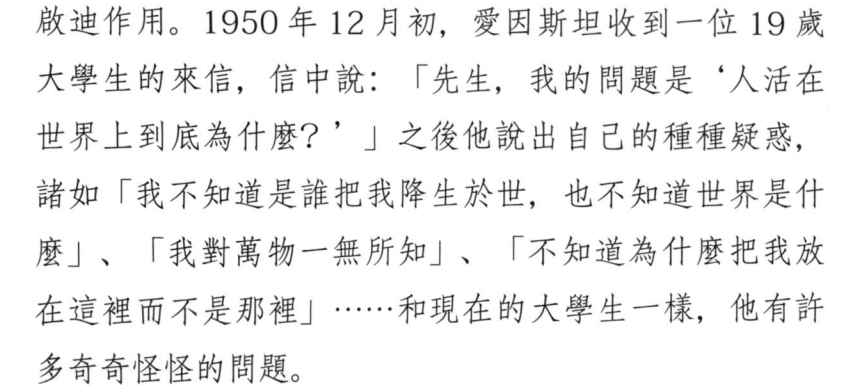

39

人士的傳記，一次一次地去那樣實踐，但從我一個佛教徒的角度來看，也許你有智慧、有毅力，但沒有前世的福報，縱使你發明了什麼，最終也不一定得到社會的認可。

因此，人活在世間，就像愛因斯坦所說，應當盡量滿足他人的願望，建立一個和諧的人際關係。而在最根本的問題上，比如今生來世的問題等等，眼下的一般思想是解決不了的，應當向古希臘的哲人們——公元前400年前的蘇格拉底、柏拉圖的哲學理論中尋找，這些即使在今天、在中國，也被認為是西方思想的精華。

不過，雖然那些理論中也提及靈魂，而且說人死以後，或者上天堂或者下地獄，但在更神秘的層面，並不像佛教那樣深入細緻地去開顯。所以我認為，愛因斯坦所說的「古代東方賢哲」，尤其應該指釋迦牟尼佛，佛陀出世距今2555年，而佛教的教義及文化可謂包羅萬象，很值得今天的人學習。

我學佛的時間比較長，看的書也比較多，顯宗的、密宗的，藏文的、漢文的，藏傳的、漢傳的、南傳的……越看越覺得佛教的智慧最為卓越。在座的都是知識分子，知識分子也應該追求佛教的智慧。湯恩比博士說過：「要拯救21世紀的人類，就應該尋求大乘佛教及孔孟思想。」而我更認為，科技越發達，越不能忘記佛教；社會越失衡，越需要佛法的教育。如果因為不懂、因為神秘，就打個問號放著，甚至當作迷信排斥，這是非常不科學的！

科技發達時代的佛法教育

三、佛教的慈悲觀永不過時

只要科學、客觀地分析一下，在人類最關注的心靈領域內，不管時代如何變遷，佛教中的某些理念依然是最深刻的，而且始終是社會人群的需要，永不過時。

比如說「慈悲」。佛教的慈悲觀，是教人關愛人、動物乃至一切生命。在西方的認識中有一個盲點：認為動物也有生命，植物也有生命，殺動物與殺植物的過失一模一樣。其實，這種說法不正確：一是動物與植物的差別很大；二是在「殺」的層面，認為二者過失等同，也太過了。然而，人和動物的生命是一樣的，所以，佛教的慈悲一向遍及動物。

而這種慈悲觀，對現在的動物保護，應該是一個很好的理論支持，否則，當這些組織遭到非難時，用其他理念很難解釋。甚至在很多時候，即使是不信佛的人，當他發現一些動物被殘殺的時候，也會自然地生起同情或不忍。諸如此類，從生活中的點點滴滴可以知道，這種廣大的慈悲觀非常適合人類。科學再進步，一個人——我們自己也好、別人也好，說「因為科技的發展，我從此不需要慈悲了」，這是何時何地也不成立的。

還有就是「非暴力」。佛教所謂的非暴力，並不帶有任何政治意味，是對修行人的教誡，如《毗奈耶經》中所說的沙門四法：「人若打我，我不還打；人若罵我，

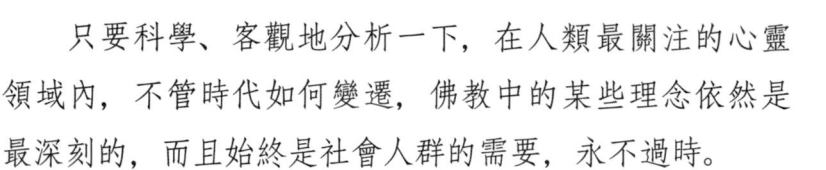

我不還罵；人若瞋我，我不還瞋；人若毀我，我不還毀。」這種忍讓的修心原則，就叫非暴力。那這種原則，不說修行人，一般人需不需要呢？也需要。

有人認為這很怯懦，怯懦的民族會被強國吞噬，所以應該反抗。然而，18、19世紀各個國家手持武器相互殺戮、征戰的過程，在今天的人們看來，既不科學，也無利益，和平與人道才是解決任何爭端的最佳方式。

對於「非暴力」理念，一般人儘管偶爾也會有些觸動，但卻很難像一些偉人那樣深刻了解並貫徹它。聖雄甘地曾說：「我的價值觀很簡單：真理、非暴力。」在他的認識上，如果你加上大乘佛法的教義，其實也就是前面說的慈悲觀。所以，「慈悲」在這個世界，在社會的任何角落，都是需要的。

當這種慈悲心被真正受持時，怨恨的敵人來到面前傷害自己，也能夠安忍。對這種高尚的安忍，不懂大乘理念的人不一定理解，但當你學了佛法並且慢慢深入的時候，就會懂得。

堪布貢噶旺秋的事蹟，曾讓我深受感動。「文革」期間，他被關進監獄20多年，釋放以後去了印度。那個年代，在監獄中所受的虐待是無法想像的，雖然我沒進去過，但見過很多被批鬥的場面，對出家人、在家人，好似地獄來到了人間，極其可怕！到了印度以後，有位大德問他：「你在監獄裡受折磨的這20年，心中最害怕的是什麼？」

他回答說：「我最怕的，就是對傷害我的人生起瞋恨，失去慈悲心。」

那個時候，他不是怕被餓死、被打死，而是怕失去慈悲，這就是真正的修行。他的境界，不說一般的世間人，就算是我們穿著袈裟、常年待在寺院聞思修行的人，也是很難企及的。試想一下，假如我們身處那樣的環境，會怎麼樣呢？今天有人打我了，「我要記住這個人是誰，一旦我有機會，就不客氣」，會不會這樣呢？但是，大乘慈悲理念真正入心的人，就完全不同了。

青海那邊也有一位大德，這位大德，也是在那個年代中每天挨批鬥。批鬥是這樣的：挨批鬥的人站在前面，一個人先講一講他所犯的錯誤：他是怎麼學佛的，怎麼怎麼……然後就上來一兩個人開始打他。每次打的時候，這位大德就當一次修安忍的機會，並以三殊勝攝持。所謂「三殊勝」，做任何善事之初，首先為利益一切眾生發菩提心；中間以無緣、不執著的方式行持；最後將善根迴向給一切眾生。這是我們佛教中最關鍵的修法，依此修持，發心殊勝、無緣殊勝、迴向殊勝，這就是三殊勝。

當他要被打的時候，他就發心：今天挨打，我為了利益他以及一切眾生而發起菩提心。在被打的時候，他維護自己的心不生瞋恨。打完以後，他把修安忍的功德迴向給這些人，有時間就完整念一遍《普賢行願品》，當然是默念，嘴唇不能動，動又要挨打；沒時間或者被

人一路打著回去，他就念一些短的迴向文，一回去也念完了，心裡很高興，因為修行圓滿了。

這些大德的慈悲及修行，是可歌可泣的。但可惜的是，這種慈悲理念，在現在的大學教育中很少，很多高等學府的宗教系或宗教研究，要麼是秉持馬克思的唯物論，要麼是以研究東西方的哲學理論為主，而這些理論在後人編寫時，有些不為人接受的道理也被刪掉了。這樣的宗教系課本，與真正的宗教理論或實修教言，實際是相去甚遠的。

因此，在座的老師和同學，在你們作科研或宗教研究的同時，也希望能研究一下純正的佛教，藏傳佛教也好，漢傳佛教也好，去研究、修行以後，才能真正懂得佛教的理念，懂得慈悲觀永不過時。

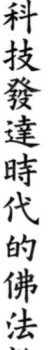

科技發達時代的佛法教育

四、佛法會給我們帶來怎樣的改變

其實，這樣的「非暴力」或者「慈悲觀」，說到底就是心地善良。如果一位科學工作者、一位老師、一位公務員具有了善良的心地，指導思想就會高尚，不會偏離軌道。所以，借助善的教育改變一些現狀是明智的，否則，學校就變成商業機構了。

美國著名的高等教育思想家、改革家羅伯特曾說過：「當一所學校為謀取金錢而採取一些行動，它必定會喪失其精神，同時通常也得不到金錢。這是很可悲的，但卻是千真萬確。」

有些學校以商業或其他目的招生，學生招了很多，但真正學到知識的，卻並不多見。為什麼現在的失業率高，越來越多的學生畢業後找不到工作？就是因為在大學期間，沒有做好準備，沒有學到真正的知識──不管是技術上的，還是道德上的。名義上是大學畢業了，但實際上並沒有大學水平，所以一步入社會，不論是做人做事，都成問題。

其實，社會很需要人才，各個企業、單位都需要，但與此同時，好多畢業生又找不到工作，甚至有些博士、博士後，也是五六年一直待業在家，這樣就導致了脫節的現象。當然，這也與自己有很大關係。現在不少學生散亂度日，要麼上網，要麼迷戀世間瑣事，空耗了寶貴

仁波切香港大學答問錄──打開心扉的密鑰

的時間。可能這裡面還有諸多原因，但最根本的，在教與學的過程中，現在人的心不像古代人了，求學求知的心非常罕見。

我問過一個即將畢業的博士：「你在學校裡學了多少知識？」

他說：「沒學到什麼，混日子而已，為了一張文憑。」

「怎麼會這樣呢？」

「不光是我，其他同學也一樣，上學就是混唄！」

他一直在數日子，盼望著畢業。我相信，並非所有學生都是如此，但這種現象確實存在。如果他在學校裡學過佛法，懂得以正知正念來約束自己、觀察自己，懂得要報四重恩，就不會太散亂，一定能學到很多東西。

所謂報四重恩，就是指報眾生恩、報父母恩、報國家恩、報聖教恩。其實你們讀大學，也應該了解這四點，知道感恩、報恩。

首先是報父母恩。父母辛辛苦苦十幾、二十幾年地撫育我們，方方面面的呵護一定要記在心裡。還要感恩眾生和國家，很多人覺得這些跟自己沒關係，實際上並不是。最後就是老師，我們依靠老師而獲得知識，所以不能忘記他們的恩德。我雖然出家了，但特別感恩世間的老師，包括小學老師，哪怕只給了我一句教誨，我都記在心裡。即使報答不了這份恩德，也還是盡心盡力地修行、做善法，並將善根默默迴向給他們。

科技發達時代的佛法教育

今天是感恩節④，對吧？西方的節日，11月的第四個星期四。其實，有顆感恩的心很重要，有一首歌叫《感恩的心》，好多人都會唱，歌詞很好，有一種向上的引導，能讓人從內心中產生感恩。現在人習慣於抱怨，對社會、對人都是如此，「這個對我不公平」、「那個對我不好」……有了這種心態，人就不會舒服。尤其是年輕人，感情的困擾、生活的矛盾，常常在心裡埋下怨恨。甚至，以前我看過的一本書裡說，一個人因為跟女朋友分手，殺害了二十多條無辜的生命。

然而，如果我們學了佛法，有了感恩的心，人就會理智、輕鬆多了。佛教認為，你學得越好，心情就越舒服，什麼都想得開；因為不太執著，所以痛苦也就慢慢減少了。

因此，有了佛法，也就有了快樂。我最羨慕藏地寂靜山裡的修行人，他們沒有富裕的物質生活，平平淡淡，正因為平淡，所以內心沒有很大的欲望，沒有買房買車的執著，也沒有還款的焦灼，沒有競爭，也沒有不公……總之是在一種內心的覺悟中，享受著人生的快樂。

《泰晤士報》2011年亞洲大學排行榜中，你們香港科技大學是第一，香港大學第二，新加坡國立大學第三，日本東京大學第四，香港中文大學第五，北京大學是第十三，清

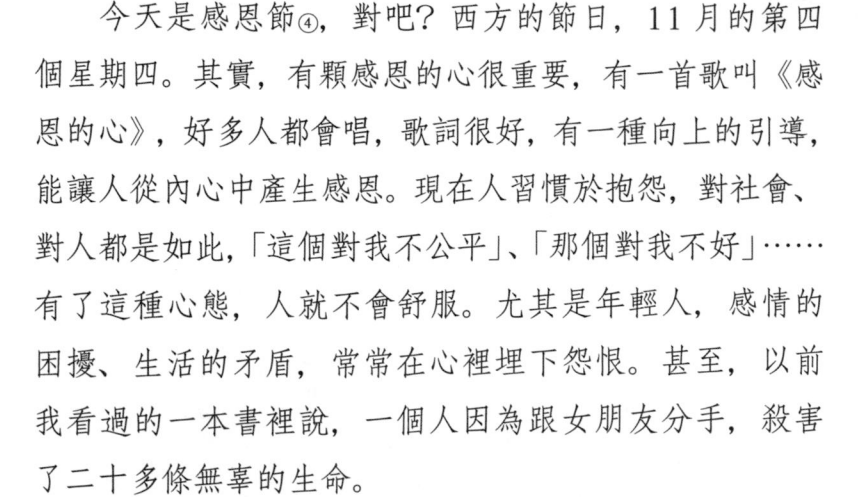

---

④感恩節：英文是Thanksgiving Day，是美國和加拿大共有的節日，由美國人民獨創，原意是為了感謝上天賜予的好收成。在美國，自1941年起，感恩節是在每年11月的第四個星期四，並從這一天起將休假兩天；而加拿大與美國的感恩節時間不同，10月的第二個星期一。

華大學第十六，台灣大學第二十一……我記得是這樣。

從這個排名來看，我相信，你們在科研方面是非常頂尖的，也一定有許多突破性的進展。但是，在座的畢竟是人，是人就離不開生死，那我們除了科技知識以外，對生死大事有什麼認識呢？如果你了解宗教或佛教中的利他精神，並藉由你的知識改變世界，饒益一切有情，這當然最好不過；但如果做不到這一點，僅僅憑著對「無常觀」及其他佛教理念的理解，並用在生活中修行的話，也是你個人最大的收穫。否則，只是隨著科技往外發展，而不讓內心的價值體現，這不見得是真正的發展。

當美國哈勃望遠鏡的科學觀測到達頂峰時，前總統尼克松說：「人類的知識科技已經征服外太空，卻無法征服人們心裡的‘太空’。」心裡的太空，其實就是心靈的問題。科學再發達，也只能完成物質的觀測，而對內太空的觀測，不憑藉修行，單靠科學技術是無法完成的。

因此，愛因斯坦等科學家都認為，他們對宇宙及物質的探索，只是整體中的一部分；而在下結論時，也只是用「或許」、「也許」的方式，並不敢完全肯定已經到了頂點。

說到這裡，我想告訴大家的是：不論你的專業是什麼，趁著年輕的時候，應該學一些佛教的道理。以好奇心了解一下也可以，但最好是多花些時間，不但要了解，而且要實修。

五、糾正錯誤的學佛觀念

1、不要等老了才學佛

其實，學佛法的緊迫性，不亞於我們對生存的追求。有人說：「現在我要成家立業，有所作為，等我老了才去學佛。」但到了那個時候，你的精力、因緣或許已經消失了，正所謂「勿待老來方學道，孤墳多是少年人」。等你白髮蒼蒼、滿面皺紋才去學道，人已經糊裡糊塗，理解也跟不上了。

如果沒有因緣另當別論，但是說來也怪，在這樣的時代裡，好多高等學校的學生、老師卻很有因緣。前段時間，我們喇榮佛學院開了個「大學生夏令營」，你們這裡的大學生也有參加的。當時我就感到，好多同學對佛教不僅是簡單的感興趣，而是水平相當不錯；而且，在他們自身上出現過許多科學無法解釋的現象，有些能回憶前世，有些在夢裡或白天直接感受到佛菩薩的加持，有些人遭遇不順，一祈禱就有明顯的感應……當然，作為知識分子，光是憑感覺或者有個形象還不夠，應該尋求理論上的解釋，以此堅定自己的信仰。所以，有了因緣就要抓住。

2、信佛就直說

在信仰方面，香港這邊很開放，「我是基督徒」、「我

是佛教徒」……領導也好，老師學生也好，信什麼就坦率地說出來，這樣很好。否則，明明學佛，卻矢口否認「我不學佛、不學佛」，這沒有必要。

我很羨慕的一點是，在這裡，一個有信仰的人，人們都會認可他，認為他是好人，很可靠，因為他至少承認「善有善報、惡有惡報」。也因為他有信仰，大家都比較信賴他，讓他當會計、做部門負責人。但有些地方恰恰相反，如果你學佛，人人都會蔑視你，上上下下把你當「怪物」一樣看；而學佛的人，自己也膽戰心驚，慢慢地，也覺得自己挺怪的。

我認為直率一點好，尤其是佛教徒，信佛就說自己信佛。但我遇到一個領導，明明已經皈依很長時間了，家裡有佛堂，也一直在念佛，但我問他：「你是不是佛教徒？」「不不不，我不是！我只是研究佛教，喜歡看看，但我不信，我們不信仰這個……」其實這大可不必。

當然，一個人不論信什麼，都是很難改變的，因為這是內心的東西。你信馬列主義，信基督教、信天主教、信儒教……信哪一個都合理，因為任何宗教的存在都有道理，即使是非佛教徒，我們也十分尊重。這就是因緣，佛陀為什麼說「諸法因緣生，諸法因緣滅」，就是這個道理。

不過我想提醒大家一點，那些更深層的智慧與慈悲理念，的確是人類思想中的精華。為什麼是精華呢？我不需要以佛教徒的名義勸你，只要你擦亮慧眼，看看在

世界漫長的歷史轉變中，佛教都經歷了什麼樣的考驗，也就心中有數了。因此，希望大家能選擇一種智慧的宗教，獲得智慧的教育。

3、學佛不要形象化

其實，佛教最重視的就是智慧，然而遺憾的是，多數學佛的人一直停留在形象上。香港這邊也是一樣，許多人學佛往往是為了保平安。你去朝聖禮佛，能不能保平安呢？當然能，但這不是根本。佛教最根本的，應該是進行佛法的教育。尤其是知識分子，當你學習佛法的時候，一定要學習它的精髓，這樣便可以得到真實的見解。有了穩固的見解，你的信仰也就牢不可摧了。

這些見解，在智慧方面，用世間最尖端的學問，比如量子力學等微細智慧去觀察時，也破不了；在慈悲方面，用人們最推崇的博愛思想來推敲時，也一樣經得起觀察，甚至更勝一籌。

因此，學佛就應該深入經藏，認真地學。如果只有一個形象，辦個皈依證，參加個儀式，找找感覺，說說、笑笑、唱唱歌，這也可以，是佛教的一部分。但是，如果你想學到佛教的精髓，最好翻開傳統的經典和論典，從中領略深層的佛法奧義。即使沒有善知識或善道友引導，在一些基本理論方面，我經常推薦大家去學習《入行論》、《菩提道次第論》、《大圓滿前行》等論典，

學了以後再實修，就一定能獲得真實利益。

如果不學而修，就不明智，因為修是很困難的。藏地著名的薩迦班智達曾說：沒有如理聞思的修行，多數是旁生之因⑤。因此，為了修行成功，一定要先明理，參禪修密都是一樣的。比如坐禪，你為什麼要坐禪？如果想讓心靜下來，怎麼才能靜下來？靜下來又有什麼用……其實這些都有理論。理論上明白了以後，再坐禪就非常穩妥。

那坐禪有什麼利益呢？不說深層的解脫利益，就算是科學可以驗證的層面，也是相當可觀的。美國紐約有一位科學家叫卓然．約西波維奇，他用一台重達5噸的功能性磁共振成像儀，對坐禪者的身體及心智進行測試。在測試過20多人以後，他發現：禪修者的細胞免疫功能健全，完全有能力對抗抑鬱症、老年癡呆等病症，心態愉悅舒適……可見，單就今世暫時的利益而言，坐禪也是裨益良多。不過，這種修行一定要有理論基礎，否則就修不成功。

而從另一方面來看，如果只是學一學、研究研究，也體驗不到佛教的深義。就像《楞嚴經》裡說的：雖然聽聞了很多佛法，但若不修行，其實與不聽聞是一樣的，就如同光是嘴上說食物，不吃終究不會飽⑥。

科技發達時代的佛法教育

⑤《薩迦格言》云：「若無聞法僅修習，再勤亦成旁生因。」
⑥《楞嚴經》云：「雖有多聞。若不修行，與不聞等。如人說食，終不能飽。」

很多知識分子只會誇誇其談，說得倒是很漂亮，但從來沒有修過，甚至都沒有思維過。你不思維的話，即使是最簡單的「人身難得」、「壽命無常」，即使是你講了一輩子佛法，也不一定會有太大感受。因此，一定要實實在在地研究，真真實實地修行！

　　總之，在科技發達的今天，願大家能真正領受佛法的心髓。虛雲老和尚有個偈子說：「心田不長無明草，處處常開智慧花。」我也由衷地希望，諸位心田中不再生長無明雜草，時時處處綻放勝義與世俗的智慧之花！

仁波切香港大學答問錄——打開心扉的密鑰

附：

香港科技大學問答

『2011 年 11 月 24 日晚上』

（一）問：我是香港中文大學哲學系的學生，一直想對如來藏有個全面了解。請問，該從哪裡著手？

答：若想全面了解如來藏，我建議你先看幾部最根本、最精要的經論：《如來藏經》、彌勒菩薩的《寶性論》、麥彭仁波切的《如來藏獅吼論》、覺囊派的《山法論》。在這些顯宗經論裡，都對如來藏作了細緻闡述。

（二）問：感謝您來科大作講座！生長在 21 世紀的年輕人，他們對佛法沒有太大興趣。請問，該怎樣讓這些年輕人了解佛法、接受佛法呢？

答：讓他們感受到利益很重要！

在當今學佛的人群中，中年人居多，老年人在尋找人生歸宿的時候，很多也入了佛門。而 80 後、90 後的年輕人，他們看重眼前的生活，多數人覺得佛法跟自己沒關係。但是在我看來，也並不是沒關係，我甚至認為，如果你想過好眼前的生活，佛法是最有益的理念，而且必不可少。

所以，一直以來，我們才盡力推廣佛法，想讓它深入人心。我們不是要用教義來控制哪一個人，也沒有政治、經濟等任何目的，只是從佛教徒的角度，想讓大家了解佛法，讓更多人分享到佛教的真理。尤其是大學生，不了解的盡量讓他們了解，已經了解的，也勸他們不要停留在表面上，而要不斷深入。我想，只要懷著真誠的利他心去推廣，他們漸漸會感興趣的。

當然，一個人在接受佛法時，也分階段：剛開始，因為從前的教育等原因，有些人會誤解，甚至排斥；中間的時候，在好奇與思索的過程中，畢竟是年輕人，有開放的接受能力，會出現半信半疑的狀態；而到了後來，在試著運用——比如祈禱、懺悔或斷惡行善以後，他們會得到真實的利益。只要感受到了利益，誰還不願意接受呢？

（三）問：我是這裡的訪問學者，對佛法很有興趣。但剛才聽您說，只是感興趣還不夠，還要修行。所以請問，我該怎麼修行？

答：修行要有次第，像《大圓滿前行》裡講的：先修「人身難得」，知道了人身很難得，你就會珍惜它，不能用它造惡，而願意行善；之後修「壽命無常」，修的時候你會有種緊迫感：現在自己雖然年輕，但年輕很快就消失了，人終歸一死，死期又不定；接著是「輪迴過患」、「因

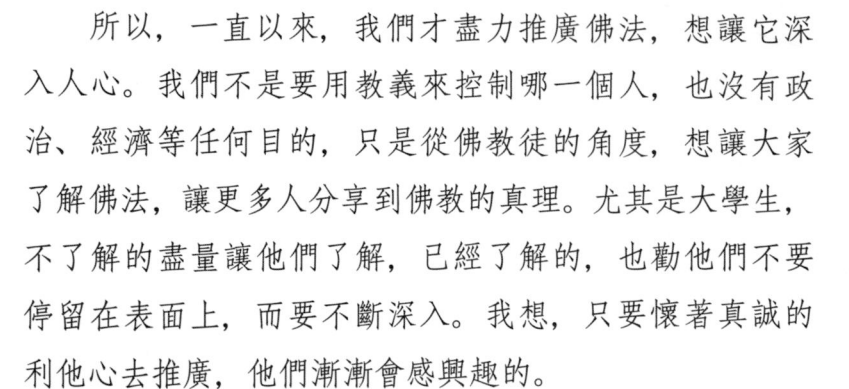

果不虛」，這些修法讓你知道生命有前世後世，未來的生生世世唯一依靠現在的修行……就這樣，從共同加行開始，一步一步地往上修，只有這樣修，才可以打下牢固的基礎。否則，直接修最高的法，就算你一整天閉眼坐著，那也只是坐著而已，舒服是舒服，但斷不了煩惱。

要斷煩惱乃至無明的種子，一定要有空性智慧，此外的修法或行為，都不能直接對治「我執」，對治不到「我執」，也就解脫不了。所以，一般的燒香拜佛，乃至表面上的修行，都只是一種善法，不是解脫正因。若想解脫，就必須遵循《三主要道論》中講的三個要點：出離心、菩提心、無二慧。無二慧就是空性智慧，是解脫輪迴的根本，但它也要依靠前前的功德才能生得起來。

所以，修行一定要按次第來。如今很多佛教徒只有佛教的形象，雖然有個形象也有功德，但想解脫的話，還是要聞思和修行。

科技發達時代的佛法教育

（四）問：我是科大的學生，對佛法就是半信半疑的那種。我想問的是：人是怎麼來的？是誰創造了人？是佛嗎？但在佛之前就有人了呀！

答：按照《俱舍論》的觀點，人並非如「進化論」所說的那樣，是從猿猴變過來的，沒有這麼簡單。一個人或者一個生命，都是經歷了極為漫長的流轉時日，才呈現了他現在的這種特定狀態。

當然，人也不是誰創造的，不是神，也不是佛，而是以各自業力而生的。

釋迦牟尼佛是賢劫千佛⑦中的一尊，在這個劫中，他的前面已經有三尊佛來過了，他是第四尊。但佛陀出世，是為了轉法輪度化眾生，並不是從那個時候開始才有了人類。

問：我現在的研究很不順，也很心煩，我該怎樣用佛法來幫助自己呢？

答：應該祈禱佛，這有很大的利益！但祈禱佛，是不是就能達成所有心願呢？也不一定，還要觀待你前世的因緣。

有人說：「我祈禱了啊，為什麼不起作用？」其實，這就像去醫院看病，有些病能完全治好，有些病則效果不大。那麼，既然有些病治不了，我們還要不要看病呢？還是要看。祈禱佛也是這個道理。

因此，生活上遇到不順的時候，祈禱佛對你一定有加持。至於能改善多少，就看自己的信心和因緣了。畢竟每個人的前世以及今生，都存在種種複雜的因緣，這也起著很大的作用。

（五）問：我是科技大學商學院的學生。在這樣一

仁波切香港大學答問錄——打開心扉的密鑰

---

⑦賢劫千佛：現在之二十增減住劫中，有千佛賢聖出世化導，故稱為賢劫，又稱善劫、現劫。

個越來越複雜的時代裡，該怎樣保護和傳承西藏文化及藏傳佛教呢？

答：在科技越來越發達的時代，外來文化對西藏的佛教及傳統確實有衝擊，這一點不可否認。但是，短時期內應該不會有大的問題。

因為這些文化多數都保存在寺院裡：一部分在個別開放的大寺院裡；還有相當一部分，保存在深山中的寺院裡。在這些寺院裡，不僅有佛教文物，更有一批佛教學者——許多德高望重的格西、堪布，還一直在住世。並且，西藏人也特別重視學習佛法，出家人也好、在家人也好，都不同程度地在學習著。在他們心裡，佛法就像如意寶一樣，不可能輕易拋棄。

當然，有些去了漢地或國外的藏族年輕人，信仰也許會慢慢消失，他們羨慕那裡的生活，明星的頭髮怎麼弄、衣服怎麼穿，自己也開始趨之若鶩，就像內地八九十年代羨慕美國一樣。所以，若想將佛法的傳承交給他們，得讓其先懂得這些文化的價值。

不過，現在西方倒重視起這些來了，他們開始關注雪域的草原、文化及佛學。可能這也是一種流轉吧，流轉到最後，我想西藏人還是會回來的，從漢地到西方，再回到自己的故土。不過到了那個時候，在他們心裡，不知道養育自己的「母親」文化還在不在了？

科技發達時代的佛法教育

（六）問：我是科大工學院的學生。您書上說：佛教的精髓在於大悲和智慧。如果「大悲」是指大悲心、菩提心、惻隱心、同理心，那麼，「智慧」又是指什麼呢？

答：智慧有兩種：一是世間中取捨並接受真理的智慧。就像你們大學生，有了智慧才能求知，否則連工作都找不到，佛教中也提倡這種智慧。

但最根本、最重要的，是通達萬法實相的智慧。這和了解有所區別，它是一種大徹大悟。這種悟到的智慧，才是最高深的智慧。

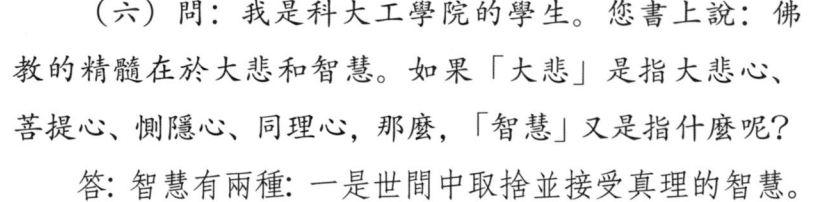

（七）問：佛教怎樣看待「進化論」？

答：關於「進化論」，就算達爾文在世，恐怕用它也解釋不了眾生身上的種種現象。而且，就算在科學界，這一理論也很受質疑，比如前段時間，美國就有 500 多位科學家聯合簽名駁斥「進化論」⑧。

在佛教看來，多了不說，單就每個眾生的苦和樂這一層面，如果不從各自的業感上解釋，而是按照「進化論」所說，人是以那麼簡單的方式進化的，那所有人的苦樂

⑧中華網科技訊：500多名美國科學家聯合簽名反對達爾文的進化論。在這些科學家聯合簽名的反對文章中寫道：「我們對達爾文的進化理論表示非常懷疑。」這篇文章還稱：「我們對達爾文進化論中的自然選擇理論表示懷疑。我們認為，作為科學家我們有責任要求各領域科學界進行一系列更加深入的研究，以確定達爾文的理論是否合理。」在這篇反對文章上簽名美國科學家共有514名，其中有154名是生物學家、76名化學家、63名物理學家，其餘的是一些毗鄰學科的專家們。據這篇反對文章的起草者認為，地球上的生命具有極其複雜的發展過程，達爾文進化理論狹窄的框框，根本容納不了地球生命的起源與未來發展進程。

現象，應該都差不多，智慧的高低也很相近，但事實並非如此。所以，「進化論」的傳播並不正確，它對人們認識生命的真相，以及樹立正確的人生理念與價值觀，都有相當大的損害。

問：佛教講「業力」，講「因緣和合」，那業力又是怎樣發揮作用的呢？

答：還是就苦和樂來說，佛教認為，一個人的苦和樂，是以善業和惡業作為「因」，與眾多複雜的「緣」結合以後形成的。總的來講，你種下什麼因，就會生什麼果。惡業好比有毒的種子，你種了它，就會產生有毒的果——苦；善業好比妙藥的種子，你種了它，也會產生妙藥的果——樂。果上的不同，完全來自於「因」。而在整個過程中，起輔助作用的，則是「緣」，像陽光以及水、土等等。

舉個例子：兄弟姐妹幾個人，父母是一樣的，但在他們成長的過程中，各自身上所呈現的稟賦或出現的問題，卻截然不同，比如性格、才華、工作、遭遇，這些都不一樣。那麼，這些差別的「因」在哪兒呢？是他們從前世帶來的業力，而不在父母身上。父母對他們的降生或成長，只是個「緣」而已。

當然，這個道理很深，要想弄明白，還是要深入佛教的經論，在理論上思維清楚，然後再從實際生活中，方方面面地觀察一些具體現象，這樣你就會生起真實的

科技發達時代的佛法教育

定解。

問：對我們年輕人來講，四諦、十二因緣以及空觀等哲學性思想很有吸引力，但一看到經典裡的這個佛、那個菩薩，就覺得離我們很遠，不太相信是真實的。請問，這些是真的嗎？

答：這些都是真的。釋迦牟尼佛在 2500 多年前，真實地來過這個世界，只不過他是來傳法的，是把真理介紹給世人。而他的思想也留在了文字上，這些你們都看到過，世界各地的人也都在研究。所以，佛陀並不是神，他一生的事蹟也不是神話。

你剛才說的四諦、十二因緣或空觀，這些就是佛陀的代表思想。如果你們感興趣，可以深入研究，研究之後，很多道理也不難理解。其實，前輩智者們也都是在研究、修行這些之後證悟的。看看禪宗、密宗等各派大德的傳記，他們的境界絕非凡夫可比，後代的追隨者尚且如此，那佛陀、觀音、彌勒等佛菩薩的功德，又怎麼會是假的呢？而且，如果你一邊學著佛的思想、體會著佛法的真義，一邊又否認佛的存在，這好像也不是很科學。

當然，有懷疑也是可以理解的。因為許多層面你們尚不了解，而且，在目前環境、教育等因素的影響下，要對古老的佛教生起信心，對現實中缺乏對照的佛陀生起信心，的確也不太容易。

不過，我一向認為：年輕人學佛，不應該止於一種

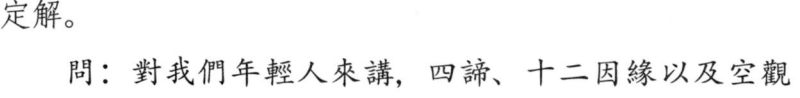

簡單的信仰。信佛不像崇拜神一樣，你若要真正相信佛，就一定要先全面了解他的思想。

（八）問：我是科技大學金融系的職員。在香港這樣一個大都市裡，人人都忙著賺錢。生活雖然很享受，但我們該如何對治心裡的煩惱呢？

答：在如今的社會裡，一個人要對治煩惱並不容易。不僅是香港，內地大城市也是一樣，人們越來越忙，光是每天接電話、打電話，就讓許多人的聽力出了問題。這個時候，不要說對治煩惱，就算靜一靜也很困難。所以，我建議每個人都停一停腳步，仔細看看自己在做什麼？自己是誰？……否則，在忙忙碌碌當中，經常把自己都弄丟了！

要知道，人生的意義並不只是錢，對很多人來講，你賺得再多，也不過是銀行的一個數字，而且你在為這些奔波時，不知不覺人生就到了盡頭。有些人以為，享受生活就是人生的意義。但實際上，所謂享受，也不過是在虛幻的追求中，盲目地活著而已。

人靜一靜可能才會發現，由知足帶來的寧靜，原來是我們內心很深的需求。每當我遠離塵囂從城市回到寺院，心裡總會有一種莫名的愉悅——也許是回歸自然的滿足吧，那時候我深深體會到：快樂並非來自於財富，而是來自於內心的富足和喜悅。俗話說「知足常樂」，

科技發達時代的佛法教育

這的確是至理名言！

　　當然，一個人若連基本的生活條件都沒有，也是會很苦惱，但現在大多數人的苦惱，並不是因為這個，而是因為不滿足。不滿足，就會不斷求取；有了求取，自然少不了煩惱。因此，若要減少煩惱，唯一的方法就是知足少欲。

　　所謂知足少欲，對一個城市裡的人來講，做到隨緣也就差不多了──沒有因緣就隨遇而安；有因緣就多賺點兒，但也不過多地要求。而且，有了錢以後，最好能幫助一下身邊吃不上飯的人，甚至救濟一些災民。如果人富了以後，只是自顧自地沉溺在虛幻的快樂中，那到頭來看看，這也沒什麼意義。

　　所以，知足少欲是一種智慧，在這種智慧的觀照下，你可以積極地生活，該做的做、該說的說。而且，因為知足少欲，煩惱肯定就少很多。

　　（九）問：我是香港科技大學機械工程系的學生。佛教裡有「相」和「心」這對概念，請問「相由心生」是什麼意思？

　　答：「相由心生」是唯識的觀點。按照這一觀點，內外的一切顯現，都是由心產生的，這就相當於做夢──夢裡沒有真實的東西，一切都是心的造作。

　　若要弄懂這個道理，你可以研究一下《唯識二十頌》、

《唯識三十頌》，還有《楞嚴經》、《楞伽經》等。懂了以後，你就會知道「三界唯心，萬法唯識」，世間的萬事萬物並不是從其他地方產生的，而是我們的心被無明遮蔽以後，呈現出來的一種迷亂相。這些「相」，不管是內在、外在的，到底存不存在呢？存在，但也只是心的幻象而已。

問：還有一對概念是「色」和「空」，所謂「色即是空，空即是色」。但如果色是空的，比如說螞蟻，螞蟻這個色既然是空的，為什麼還有對它生慈悲心或惡心的區別？再說，慈悲心或惡心本身也是空的，既然如此，又何必執著善惡呢？

答：「色即是空，空即是色」，是中觀的基本思想，也是《心經》的核心內容，以前我講《心經》時曾解釋過。所謂「色」，也就是我們眼睛所看到的東西，它的體是空的，這一點，以中觀理論可以推證。但這是站在實相角度上講的，也就是說，在佛菩薩的境界面前、在萬法的本體這一層面上，色和空無二無別。然而，從現相的角度、在我們世俗的一般顯現面前，色不是空，空也不是色。所以，對於實相和現相，一定要分開層次理解。

這樣的理解，其實與量子力學的分析是一致的。在量子力學中，觀察瓶子時，它的本質上是分子、夸克、亞夸克……但在顯現上，也就是說，當用眼睛看的時候，我們看見的是不是亞夸克呢？不是，而是瓶子。那為什

科技發達時代的佛法教育

麼眼睛看不到亞夸克呢？因為這是兩種概念、兩種層次，不能混為一談。

同樣，當我們用眼看見某個眾生時，比如說螞蟻，雖然它的本體是空性，但我們還沒有證悟空性之前，應該跟隨眾生器界的顯現來修行。怎麼修呢？你看到的是螞蟻，螞蟻有苦樂，我們就緣它的苦樂修慈悲心。雖然慈悲心或惡心的本體也是空，但在顯現中，善和惡會導致不同的果報，所以要斷惡、要修善。

就像那個瓶子，你不能因為它是亞夸克組成的，就不相信瓶子存在而把它扔了。扔了的話，沒有瓶子就不能喝水了，同樣，不取捨因果的話，就只有感受痛苦了，這是世俗層面的規律，我們每一個人的存在，都脫離不開這個規律。所以，現相和實相要分開。

在這個道理上，如果對佛教有全面的了解，理解起來會比較圓融。否則的話，不是滿腹疑惑，就是輕易判斷，甚至排斥，這都是不科學的。科學之所以被人認可，一位科學家在報告中說，它要具備三大特性，同時他認為，佛教也完全具備這三大特性。可見，佛教也是科學的，只不過有些問題要深入研究才會懂。

（十）問：我是科技大學理學院的。佛家講「生死輪迴」、「前世後世」，但我從小受的是唯物主義教育，不知道該怎麼理解這些道理？

答：其實，即便是現在的科學界，也承認前世後世。像美國的史蒂文森博士、塔克爾博士，他們在美國以及世界各地，已經搜集了數千個案例能證明前後世的存在。這些案例在任何群體中都有：相信科學的，不相信科學的；有宗教信仰的，沒有宗教信仰的……他們因為對這些的長期觀察，最終也相信了前世後世的存在。

一般人不承認這些，多數是因為環境或教育的原因，但是我認為，如今也該反省一下了——其實，唯物論者否認前世後世，並沒有有力的證據，只是口頭上否認而已。

假如否認者沒有依據，而建立者卻有真實案例，這本身就是很好的建立方式。更何況佛教中還有理論——這可能稍微有點專業，但簡單來講：一個人因為有我執、煩惱，於是就會造業，造業以後，當這一期生命結束時，後世的生命就會隨著業而延續，呈現出另外一種形態，由此形成無邊無際的輪迴；直到有一天，當他生起無我智慧時，才能斷除這種流轉。當然，這些道理很深，也很隱蔽，若想對此生起信解，最好學一學佛教的經論，甚至試著抉擇一下空性，這就是聖天論師在《中觀四百論》中的教誡⑨。

其實，佛教並不是簡單說教，不是讓你無論如何都要信，你完全可以自己分析，而分析的最好方式就是辯

⑨《中觀四百論》云：「若於佛所說，深事以生疑，可依無相空，而生決定信。」

論。在藏傳佛教的辯論場上，像前世後世這樣的問題，起碼要辯上幾個月。到了最後，如果你沒有理由，而我有，那你就輸了，不得不承認我的觀點。

其實這樣很好！在探索真理的過程中，你對於好奇但又不熟悉的任何問題，以這種方式去觀察、提問、辯論，很容易提升自己的理解，甚至獲得意想不到的突破。

（十一）問：我是科技大學人文學部的學生。在聽您講座、看您的書時，我都有種感覺：您是把藏漢以及顯密佛教結合起來，進行傳播和交流的。請問，您是出於什麼因緣來做這事的呢？

答：「諸法因緣生，諸法因緣滅」，說到「因緣」，唯有佛陀才能徹底了知。像今天諸位坐在這兒，或者你在香港科技大學讀書，這些事情看似簡單，但在它的背後，確實都有很深的因緣。但這些因緣讓愛因斯坦來說，恐怕也不一定說得清楚。所以，我也不知道是什麼因緣。

不過，從心而論，我很願意到各地講一些佛教的道理，也很願意跟大家結善緣、交流佛學。在交流的過程中，我常常覺得自己是個學生——因為我不具足當老師的條件，就算當個學生，可能也不太合格，所以一有人叫我「老師」、「堪布」，我就很慚愧，只不過一想到佛教這麼好，現在人又這麼需要，就不由自主地站了出來。

我站在這裡，只是想把佛法介紹給大家。太虛大師

仁波切香港大學答問錄——打開心扉的密鑰

說過：「科學愈發達，佛教的真意愈顯。」當佛陀所揭示的真理，因為科學證明而變得更加明晰之時，人們會發現內心的真實需要，與此同時，佛教對人們的利益也最為深刻。

尤其是年輕一代，如果沒有佛教理念的加持和約束，我擔心有些人會做出極端的事情，甚至危害這個社會。所以，我雖然做不了什麼，也利益不了誰，但算是一種小小的使命感吧，我常常會去一些大學作交流。

其實，我很喜歡跟年輕人、跟有智慧的人交流，在這個過程中，自己也學到了很多東西。

問：請問，您有沒有遇到過別人的反對或攻擊？您是怎麼面對的呢？

答：有，但我樂意接受。

如果是反對我的觀點，我的觀點也確實錯了，那我不會執迷不悟，一定會恭恭敬敬地接受對方的正確思想，這是佛教訓練中的基本素質。但是，如果對方舉不出什麼真實依據，我還是會很自信地堅持自己的觀點。

假如不是觀點的問題，而是在公開場合說我的過失——也就是你所謂的「攻擊」，那我不會有什麼煩惱，也不會生氣。為什麼呢？因為在我看來，佛教徒也好、非佛教徒也好，老師也好、學生也好，大家在開放自由的心態中交流，是一種彼此的認可，是一種享受，談不上什麼「攻擊」。而且，即使是攻擊，真理也不怕攻擊。

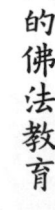

科技發達時代的佛法教育

伽利略說過：「真理就是具備這樣的力量：你越是想要攻擊它，你的攻擊就越是充實了和證明了它。」

　　所以我認為，對一個追求真理的人而言，反對或攻擊恰恰是一種機遇和挑戰，從中可以反省並提升自我，將來為大家帶來更完美的奉獻！

　　主持人結語：

　　非常感謝堪布的演講！希望下次還有因緣，能夠再次邀請堪布為我們作更精彩的演講。

　　請大家起立，恭送堪布——

仁波切香港大學答問錄——打開心扉的密鑰

科技發達時代的佛法教育

香港大學演講： 自心寶藏的探索

『2011 年 11 月 27 日下午』

主持人致辭：

歡迎大家來到香港大學，參加由佛學研究中心主辦的講座——「自心寶藏的探索」。

我是今年佛學研究碩士專業的學生，很高興有機會站在這裡做司儀。在正式請出索達吉堪布之前，請允許我為大家作一個簡單的介紹：

索達吉堪布，是喇榮五明佛學院的大堪布，在翻譯方面，堪布已將大量珍貴藏傳論典譯成漢文；在講法方面，堪布借用網絡視頻等手段廣泛傳播佛法；在慈善方面，堪布以「啟動愛心」等方式，勸勉佛教徒關愛可憐之人；在佛學學術方面，堪布曾應邀前往清華、北大、人大、復旦以及香港中文、理工等大學，與大家作過廣泛的交流。

那麼今天，我們也有幸邀請到堪布來香港大學作開示，下面有請——

大家好！今天很高興來香港大學，與諸位老師、同學以及學者們進行交流。在交流佛學之前，我想先從一個佛教徒的角度，講一點這次來香港以後的感想，其中有讓人高興的地方，也有令人擔憂的地方。

仁波切香港大學答問錄——打開心扉的密鑰

一、來到香港的喜與悲

讓我高興的是，在你們香港大學，現在有頗具規模的佛教研究中心，也有頒發佛教碩士、博士學位的強大機構。一所大學能夠如此重視佛學研究，如此著力於佛法的傳播，在我個人看來，意義是相當深遠的。

剛才在和老師、法師們溝通的過程中，大家也都有個意向：希望在不久的將來，能有一些藏傳佛教的修行人來到這裡，與香港大學一起，就「佛教與科學」等課題、理論與實修等方面，做些共同的研究與合作。我想這是個很好的方向。

我常常認為，能夠學到佛法，是人生的一大幸事。不論是出於信仰，還是學術上的興趣，從我們被佛教的教義和理論所吸引，進入到這個殿堂那時候起，生命便有了深刻的意義。不知道各位作何感想，就我本人而言，不說一生一世，就是生生世世，也不願意捨離佛法的智慧光明，這是我發自內心的誓言和信心。

你們都知道，現在是一個功利社會，人人為一己私利而奔波忙碌，但在我眼裡，這些不是很有價值和意義。最有意義的，應該是弘揚佛法、推廣真理，以此來幫助世人、利益眾生。

我對香港算是比較熟悉，20 年前就來過了，那時候看到這裡的信仰自由，心裡十分羨慕。據我了解，從

自心寶藏的探索

五六十年代起，敦珠法王就在這邊建了一些修行中心，1987 年時我看過照片，那種景象，當時在內地的各個城市裡，如此廣泛弘揚佛教的很少很少。

不過，10 年前我再次來這裡時，除了羨慕之外，還平添了一些憂慮——或許是太開放的緣故，這裡的個別佛教團體，不免有魚龍混雜的現象。而這次來香港，感覺就更強烈了：雖然從某些層面來看，有些人在佛教的修行或學術研究上，是有突破性的進展，但在某些地方，與 20 年前相比，不但沒有進步，反而還有倒退的跡象。

也許是因為太忙了吧，為了生活，香港人的腳步越來越快，我見到有些人過馬路時，還沒有等紅燈轉成綠燈，就衝出去了。很明顯，要讓這種匆匆的腳步停下來，靜心接受純正的佛法，是有相當難度的。所以這裡不像內地，在佛教的學習及修持上，好多人有所欠缺，這一點非常可惜！

而心裡沒有正法，人就容易受到欺惑，以至於不如法的現象也大行其道。比如，有些人明明不是藏傳佛教的，也不是漢傳佛教的，卻偏偏打著藏漢佛教的旗號，穿戴著怪式怪樣的衣服、帽子，還光明正大地召集多少多少人，而下面的人也都崇拜得不得了……他們在這裡如此受歡迎，正是讓我擔憂的地方。

當然，內地也有不如法的現象。藏傳佛教裡有、漢傳佛教裡也有，出家人有、在家人也有，但是，那邊沒

有太多這種「怪現象」，多數佛教徒在學佛修法的路上，走得還是比較正的。

　　諸位老師、同學，也許你們不一定都信佛，有些只是在學術上擔負著責任。但不管怎樣，懷抱信仰也好，作學術研究也好，當你環顧如今的佛教現狀，應該會引發一種責任感——對佛教、對周圍的人和事、對整個世界……而當我們真正關心這些時，我想，可能就會有一些行動，引導大家學習真正的佛法，讓他們走上真正的快樂之道。

自心寶藏的探索

二、快樂的主因和外緣

快樂之道在哪兒呢？在我們自己的內心。所以，我們要探索自心的奧秘，開啟自心的寶藏。

當然，要深入了解和開啟，需要你親自去通達、證悟，短短一兩個小時的講座，我講者也好，你們聽者也好，恐怕都難以觸及，只能象徵性地解釋和體會。

不過，就淺近的層面而言，一個人活在世上，學會觀察內心很有必要。我也知道，現在人很難接受所謂的理論和修證體驗，但那些提取過的簡單教言，應該還是受歡迎的。畢竟不管你是什麼身分，出家人也好、在家人也好，學生也好、老師也好，誰都嚮往愉悅的心境，既然如此，我們何不嘗試著探索內心，找尋快樂的因緣，保持開心的狀態呢？

1、快樂的主因是內心

當然，光是嘴上說「開心、開心」，不見得真的開心。我讀過一本書，書名就叫《開心》，但它的「開心」是指證悟。證悟了，當然開心了，而如果能用智慧觀察，提升自己的認識，也可以調整出一種開心的狀態。

要知道，我們之所以不開心，往往是被日常的瑣事困擾，難決難斷，糾糾纏纏。所以，這裡我想告訴諸位一個最好的觀察方法，就是古印度寂天論師在《入菩薩

行論》中提出的：「若事尚可改，云何不歡喜？若已不濟事，憂惱有何益？」我經常用這句話提醒自己，你們也可以這樣想：當自己遇上了不開心的事情，不論事大事小，如果還有轉圜的餘地，那為什麼不歡喜呢？如果就像碗被打破了一樣，事情已無法挽回了，那你沉浸在痛苦當中，不停地怨天尤人，又有什麼用呢？

能想明白這一點，我想你也會信服：前輩大德的智慧，與我們平常的認知相比，確實是最珍貴的財富！

當然，這些若想在生活中用上，還要學會思考。亞里士多德曾說：「人生最終的價值，在於覺醒和思考的能力，而不只在於生存。」但現在很多人正好相反，他們只在意「生存」，計較得失，甚至為此愁眉苦臉，好像除此以外再沒有別的了。

如果人人都如此，那人類跟動物又有什麼本質區別？動物就只是生存而已，除了吃、喝、睡，與同類生活在一起，牠們沒有更高的思維。而人若在社會壓力的驅使下，心也漸漸轉入這種狹隘狀態，那跟動物就差不多了。

因此，若想獲得快樂，就應善於思考、善於調心，不論遇著什麼事都要想得開，一旦想開了，心也就能容納下整個世界了。誠如雨果所說：「世界上最廣闊的是海洋，比海洋更廣闊的是天空，比天空更廣闊的是人的心靈。」2500多年前的佛陀也說：「心如虛空。」既然心是如此寬廣，又何必為一些區區小事糾結，放不下呢？

自心寶藏的探索

如今，我們其實並不缺乏開心的方法。且不說佛教中的理論和修證，這對一般人來講，未免高深莫測，體系也過於龐大。單就是世間的很多暢銷書，也都提供了種種好方法，足以讓人開心起來。

一個人不開心，主要是因為有壓力。尤其在 21 世紀，無論東方西方，人類的生活方式基本一樣，在機械化、電子化連續不斷的擠壓和逼迫下，人如果沒有調心的竅訣，那活在這個世界上，就只剩下痛苦、焦慮、疲倦了。這樣的狀態，又何談生活的品質？

因此，要開心，首先就要解壓，讓心放鬆下來。隨著藏傳佛教傳入西方，很多大德都教人坐禪，並稱之為「放鬆解壓法」，讓人們在初步的經驗體會中，感受一種放鬆的心境。心一旦放鬆下來了，不管你碰到什麼事，完全有力量不執著它。那時候你會知道，其實自己以前的痛苦，就是因為執著，越執著越束縛，直至被壓垮了，崩潰了……所以，生活中壓力太大的人，要學著放鬆，有時間就坐坐禪、修修心。

這種放鬆的修心法，也可以叫「安心法」。本來，「安心」一詞，在禪宗有特別的意義，不過從淺顯的角度解釋，了解事物通常的真實面，不受束縛，也算是一種安心。

就像一本書中所說：曾有一個名人，他的心很不安，一直在浮躁、焦慮中飽受煎熬，始終不明所以。後來他不經意讀到《無量壽經》中講：「人在世間，愛欲之中，

獨生獨死，獨去獨來。當行至趣苦樂之地，身自當之，無有代者……」他當下豁然大悟，心放鬆了下來。

這就是安心——明白了真相後，心便踏實了。真相是什麼呢？我們生存於世，被愛欲所牽，日日夜夜奔波營造的一切，不過是虛幻的聚合，而我們每一個人，到頭來都是獨生獨死、獨去獨來，並且苦樂自受，沒人可以分擔……

當你知道了這一點，就不會把快樂再寄託在外境上了。很多人認為，找一個好的伴侶就會快樂，找一個好的工作就會快樂……其實這些都不一定。或者說，即使得到了快樂，也只是暫時的。因此，佛教告訴我們：快樂的根本在於自心——說來說去，我就希望各位能明白這一點，並從中得到真實的利益。

2、快樂的外緣靠不住

關於「真實的利益」，有不同生活背景和需求的人，理解上一定有許多差異。但是，如果你拋去想像的成分，再來看時就會明白：實際上，快樂不在財富或愛情上。

那麼，這些需不需要呢？對世間人來說，確實需要，但這只是幫助你快樂的外緣。外緣起不起作用呢？也確實起作用，但是靠不住、不長久。

就好比沒有錢的窮人，心心念念想著發財，結果腰纏萬貫了，照樣還是快樂不起來；沒有地位的無名小卒，

自心寶藏的探索

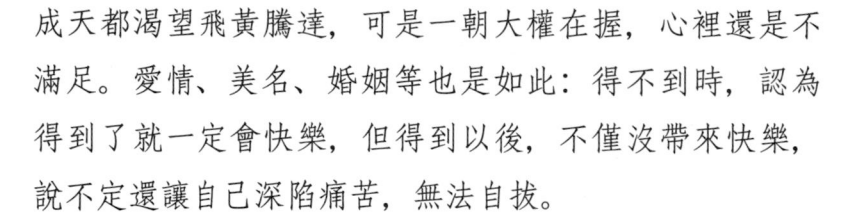

成天都渴望飛黃騰達，可是一朝大權在握，心裡還是不滿足。愛情、美名、婚姻等也是如此：得不到時，認為得到了就一定會快樂，但得到以後，不僅沒帶來快樂，說不定還讓自己深陷痛苦，無法自拔。

我曾看過林肯的傳記，他說自己一生中最大的不幸，就是長達 23 年的婚姻。他的太太脾氣暴躁、喜怒無常，對他身上的每一個部位都看不順眼。每當林肯出現在她面前時，她就會喋喋不休，嫌他的頭太小，手腳太大，鼻樑不直，下顎突出，看上去像隻猩猩。她最討厭的，就是林肯的走路姿勢，成天逼著林肯在房間裡學她的步法。甚至有一天，當林肯跟別人一起用餐時，因為沒有答她的話，她竟然將一杯熱咖啡，潑到了林肯的頭上⋯⋯當然，這是林肯在步入婚姻之前，絕對不曾想到的。

無獨有偶，托爾斯泰的婚姻，也是悲劇的典型。這位俄國著名大文豪，有無數的人崇拜他，在他那個年代，只要他說一句話，馬上成了頭條新聞。但就是這樣一個人物，家庭生活極為不幸，甚至成了他致命的導火索。

他結婚之初，對妻子非常溫情，兩人經常一起許願、祈禱，希望這種快樂的日子能長久。但遺憾的是，好景不長，婚後一段時間，兩人就開始爭吵不休，昔日的愛意每況愈下，最終變成了怨恨的敵意。

在經歷了漫長的猜疑與痛苦之後，晚年的托爾斯泰熱衷於人類和平，並將大量稿費捐去做慈善，解救貧困

仁波切香港大學答問錄——打開心扉的密鑰

窮苦的人。但這與妻子的想法完全相反，因為她的虛榮心太強，守著錢財不願意行善。終於，在每日不斷的爭吵之後，82歲高齡的托爾斯泰，於一場大雪中棄家出走，離開了共同生活48年的妻子。在俄羅斯寒冷的冬天，他顛簸在四處漏風的火車車廂裡，最後患上肺炎，死於一個小車站的木屋裡。

在臨死之前，所有子女都來到他膝下，但他唯獨不想見妻子最後一面。

如今許多年輕人，對愛情充滿了憧憬，戀愛時總認為：「他就是我永遠的幸福！」可時間久了以後，當無常上演時，才意識到「永遠」原來並不遠，於是開始哭訴：「為什麼我的命這麼苦？為什麼他這樣沒良心？……」其實，與其到時候這樣怨天尤人，還不如早點了知：自己的快樂要靠自己掌握。有了這種認知，當他帶給你快樂時，你會感激他；即使相反，也不會太執著。否則，恩恩愛愛，糾纏太深，最終肯定會自嘗苦果。

當然，上述那種悲劇的婚姻，並不是人人都會遭遇的，但即使在一般的婚姻中，無常的變故也隨時在發生著，這是不爭的事實。了解到這點以後，你就會明白，把快樂建立在一個人身上，是相當不明智的選擇；以此類推，把快樂建立在錢財上或其他外緣上，也不例外。所以，我們應掌握好快樂的主因，也就是自己的心，進而通過修行開啟心的寶藏，獲得真實的快樂。

自心寶藏的探索

三、心的寶藏需要開啟

要知道，每個人的心裡都有寶藏。什麼寶藏呢？佛在《如來藏經》、《楞嚴經》、《解深密經》、《楞伽經》、《涅槃經》等許多經典中都講過，就是眾生皆具的佛性光明——如來藏。

這個寶藏，從最高層面來講，十地菩薩也無法徹底現見，但從淺顯的層面上說，只要你去學、去修、去挖掘，多多少少都能獲取一些。打個比方說，像比爾.蓋茨、巴菲特那麼多的財富，人人擁有也是不現實的，但只要你肯努力，想維持比較好的生活，應該沒有任何問題。

不過遺憾的是，現在大多數人普遍只重視物質，雖然這無可厚非，就像車不加油便會拋錨一樣，人不從早到晚拼命地幹，生活就沒有保障了。但是，你們也想一想：當自己一味地為這些忙碌時，若沒有時間調整自己的心，會不會得不償失呢？

從小到大，我們了解的「幸福」，全來自於外在。比如有錢了就幸福，沒錢了就痛苦；有人愛就幸福，失戀了就痛苦……但實際上，這一切並不穩定，隨時可能發生變化。而佛教所揭示的「幸福」，建立在內心的基礎上，這是人人平等具有的，只是很少有人懂得該怎樣挖掘。可一旦你認識了它，才知道何為不變的幸福。

《入菩薩行論》中也告訴我們：「若不知此心，奧

仁波切香港大學答問錄——打開心扉的密鑰

秘法中尊，求樂或避苦，無義終漂泊。」這個竅訣非常重要！假如我們不了知心的奧秘，縱然整日忙忙碌碌，想從外物上尋求快樂、逃避痛苦，終歸也只是徒勞而已。

　　現在許多人都喜歡「幸福」兩個字，並將此常常掛在嘴上，特別是作家、媒體、影視，天天拿「幸福」大做文章。但是，又有幾人真正得到了幸福呢？少之又少。問題的關鍵出在哪裡呢？就是沒有找對幸福的來源。

　　如果我們想要幸福，就要多少探索一下心的奧秘。當你真正去做了，是利根者的話，一反觀自心就會了悟。這不需要長期研究，也不需要用理論細細推敲，只是依靠上師的一種表示——簡單而甚深的竅訣，當下就會證悟心性本面。而這樣的證悟者，在漢地、藏地的佛教歷史上，也可以說很多很多。從前，慧海禪師去參訪馬祖時，馬祖問他：「你來這裡有什麼事？」

　　他回答：「來求佛法。」

　　馬祖說：「我這兒什麼都沒有，來求什麼佛法？你自家寶藏都不顧，跑來跑去做什麼？」

　　慧海禪師忙問：「哪個是我自家的寶藏？」

　　馬祖說：「如今問我的這顆心，就是你的寶藏，一切具足，無有欠缺，何須外求？」話音一落，慧海禪師就開悟了，從此認識了本心。

　　所以，對有緣者來說，上師只需幾句話指點一下，他當下反觀自心，便了解了：「哦，原來世界的真相就

自心寶藏的探索

是如此，除此以外，什麼也沒有……」

　　這就是「大道至簡」！不了解的人，彎彎曲曲地探索、追尋，以中觀的方法觀察，以唯識的方法觀察，以其他方法觀察……但這些都是分別戲論。同樣，學術界的人士，今天用考古研究佛教，明天用哲學分析佛法，雖然很想揭示其中奧義，但因為沒有掌握關要，也始終觸及不到深的層面。

　　這種層面，確實是一種深奧的境界，說深就極深；但說淺的話，也很淺，認識起來並不難。下面我簡單地講一講——不過，講密法可能不太方便，這要求聽者修過加行、得過灌頂，有很多嚴格的條件。所以，我只是從密宗的理論上，講一點與禪宗相似的道理，與諸位分享。

　　不管是教授、學者，還是一般的佛教徒，現在請你們觀一觀自己的心——

　　觀的時候，你會發現：我們這顆心，並不是像機械唯物主義所說的那樣在大腦上，也不是在心臟裡，更不是在別的什麼地方。從小到大，我們一直認為有個「我」存在，認為「我」有一顆「心」，但是這顆「心」，到底是什麼顏色？什麼形狀？什麼樣貌？……這麼一一觀下來，你會生起一種前所未有的認識：「稀有啊！原來心的本體是空性，同時又是光明。」

　　這種認識，在詞句上，就是經論中所說的「如來藏」、「光明」、「法性」、「現空無別」、「明空無別」……

仁波切香港大學答問錄——打開心扉的密鑰

但詞句畢竟是詞句，不是真正的認識，如果誰通達了這些名稱背後的真實意義，那即使他看似只是普通人，也已經與眾不同了。

就像藏傳佛教的偉大上師麥彭仁波切，有一次他去求見大名鼎鼎的蔣陽欽哲旺波，被傲慢的侍衛擋在門外。麥彭仁波切奮力把門衛推到一邊，強行闖進院內。一進門，見蔣陽欽哲旺波披著斗篷，蒙頭坐著，他嚇得大氣不敢出，低頭乖乖跪在上師面前。突然間，蔣陽欽哲旺波從斗篷裡伸出頭來，一巴掌重重拍到他頭上，大喝：「你是誰？」麥彭仁波切當下開悟。

這是什麼？就是禪宗的「打得念頭死，許汝法身活」，當你的分別妄念被打死了，法身智慧就活過來了。在佛教歷史上，依靠這種方式證悟的，可謂比比皆是，有直接獲得極高境界的，也有一般的明心見性。所以，當我們開啟自心寶藏時，這種直接的方式最為殊勝。像密宗的直指、禪宗的棒喝，都是以這樣一種簡單的表示，驅散修行人內心的貪嗔癡烏雲，當下現前心性的光明。

其實，了悟心性，對任何一個人都至關重要。而且，這並不是修行人才能做到的，世間各階層人士中，都不乏「見性」者，只不過他們不明說而已。所以，希望諸位在心性上多下點功夫，以認識自心，開啟自心寶藏。

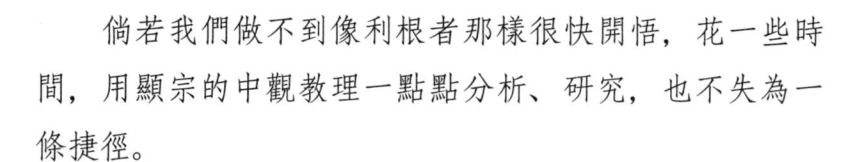

四、透視「色」與「空」的關係

倘若我們做不到像利根者那樣很快開悟，花一些時間，用顯宗的中觀教理一點點分析、研究，也不失為一條捷徑。

只要你以推理的方式，懂得心的本體不是有，不是無，不是亦有亦無，也不是非有非無，乃至不來不去、不常不斷、不生不滅、不增不減……推得多了，到了一定時候，就會認識空性的道理。誠如《心經》所云：「色不異空，空不異色，色即是空，空即是色。」

不過，有人對此很不理解：「色怎麼是空，空又怎麼是色？」甚至有人解釋：「空，是色之外的空；色，是空之外的色，色和空完全分開……」這種說法是不對的。

我建議你們知識分子，可以借助量子力學的分析，作類比推理。量子力學認為：物質是可以不斷細分的，分子、原子、夸克、亞夸克……我們暫以「夸克」作為物質的最小構成單位。從瓶子的角度來說：瓶子的本體是不是夸克呢？是。那它是不是離開夸克之外的瓶子呢？不是，它「不異」於夸克。再從夸克的角度看也是一樣：組成瓶子的夸克，就是瓶子，它不是離開瓶子之外的夸克。

如此從量子力學的分析中，也可以推出同樣的結論：色不異夸克，夸克不異色，色即是夸克，夸克即是色。這個推理很有借鑑性，現在推薦給你們，以後理解《心經》

的這四句時，不妨一試。

也許有人會問：「如果瓶子是夸克，甚至是空性，那怎麼用它喝水啊？」其實這裡有兩種層次，不能混淆：在真實的層面上，也就是詳細觀察時，瓶子是夸克等細微粒子，乃至空性，除了這些以外，的確不存在瓶子，當然也談不上喝水這回事；而到了顯現的層面，也就是不作細緻觀察時，瓶子就是瓶子，它不是夸克，也不是空性，我們可以用它喝水。

但有些人太過分了，認為所謂的「空」，就是不存在，整天宣稱「沒有因果，不要執著」。其實，如果你真的不執著，那也可以不吃飯、不上廁所，因為這一切都是空的，但你能做到嗎？

所以，這些人說「空」，只是一種口頭禪，是把勝義和世俗混淆了。畢竟在世俗顯現中，善有善報、惡有惡報是不虛的，這是名言規律，任何人都不能逾越。然而如今有不少人，對佛教的這些基本理論，自己不懂不說，還斷章取義地隨便解釋，這樣不僅錯解了經義，還讓人誤解了佛教。

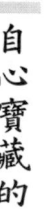

剛才講到了色和空不二，這個不二的狀態，就是我們的自心寶藏：心的本體是空性，但這種空性並不是單空，還有與之同時並存的光明。不然，假如只是單空，我們現在的起心動念就失去了基礎，而將來也無從現前色身與法身。所以，現和空不二──「色即是空、空即是色」，

這才是心的本來面目。

這些義理雖然比較深奧，但我們可以相似地觀察和理解，並通過修行獲得證實。在觀察的時候，以顯宗的推理可以大概地認識心性，這一點並不難；而在修行的時候，則需要一些加行的次第。

在佛法中，很多修法都需要基礎，否則，法再殊勝，修起來也有一定危險性。所以，對學佛的人來說，最好的方法就是先依次修完所有加行，之後依靠密宗「直指心性」或禪宗「不立文字」等方式，直截了當地認識心性。

要注意的是，在此過程中，最好經由上師的指點。有時在恰當的因緣下，上師的一個表示，比如讓你看看陽光，看看花，或者隨便說一句話，利根者當下就開悟了。開悟以後，當你用智慧觀照無邊眾生，見他們因為不認識這一點，而毫無自在地漂泊輪迴中，日日夜夜飽受煎熬，自然就會生起悲心。這種悲心深刻而周遍，即是大乘佛教中所說的「大悲心」。

當然，值得一提的是，開悟時所現見的佛性，是人人本自具足的。所謂「夜夜抱佛眠，朝朝還共起」，這個本具的佛性，就是我們自心的寶藏，我們每天夜裡都抱著它入睡，清晨又與它一同醒來，從來沒有遠離過。就像水，哪怕變成了堅硬的冰，水的本體也沒有離開；或者像海裡的波浪，無論是小浪花還是滔天巨浪，跟大海也是無二無別的。同樣，你我不論生起什麼分別念，

貪心、嗔心、癡心……在起現的當下，與本來的佛性都並未遠離。

　　不過，雖未遠離，我們卻不認識，這也是最悲哀的地方。所以，大家一定要通過學習來了解，尤其要接受善知識的引導，否則，我們照樣還是不認識，照樣迷惑，照樣在輪迴中感受三大痛苦、八大痛苦的折磨。

自心寶藏的探索

五、沒有信仰的人生是悲劇

當然，對每個人來說，如果暫時沒有認識心性，了解一些佛法，有一個信仰也是好的。否則，缺乏引導和約束的人生，終究是一場悲劇。

現在的學校不缺高科技，現在的人也不缺智慧，但是缺什麼呢？缺傳統文化的教育，缺乏信仰。缺了這些，即使是碩士、博士，進入社會後也難以立足，既不會做人，也不會做事。一個人若沒有信仰，其實不是個小問題，我看到一份韓國的資料中說：沒有信仰，就等於沒有希望，沒有幸福！

乍一看，有些人可能覺得離譜，但你要知道，沒有信仰的人，只會盯著眼前的得失，執著這一生的成敗榮辱，卻從不知道為來世準備。在這種錯誤理念的引導下，他們幾十年活得庸庸碌碌，甚至為達目的而無惡不作，這又怎會有幸福可言？

現在有些大學生很可憐，從小沒受過傳統文化的教育，也沒有正確的信仰，所以性格比較自我，經常跟導師產生矛盾，跟同學們發生衝突；他們平時喜歡揮霍，但又沒什麼錢，看到別人逛街、消費，心裡就很不平衡；再加上學習又不用心，雖然身處於平靜的校園，但內心相當浮躁，成天胡思亂想……總之，大學時代一旦缺乏信仰，人就會變得自私、焦慮，對周圍的一切也充滿了

敵意。

　　這些人在學校裡不知珍惜時光，等到畢業以後，找了工作、成了家，又覺得被瑣事纏繞，淪為生活的奴隸，開始懷念起學生時代的美好……如此從小到大、乃至到老，因為沒有信仰的支撐，無論生活在什麼環境裡，都覺得非常空虛，心裡很不滿足，一輩子這樣白白空過，徒留遺憾。

　　其實，人有沒有信仰，跟自己的福分有很大關係，此外，親友的言行、環境的薰陶，也會帶來一定的影響。有了信仰，身心就會得以自在，行為上也會自覺約束自己，這種人誰都願意親近，生活上自然也輕鬆、愜意。

　　所以，信仰真的必不可少，不然，就算你有房子、有車子、有愛情、有地位，也無法帶來內心的寧靜。倘若你的人生只圍著「我」轉，整天想「我多賺錢」、「我過好日子」，而從來沒有想過利他，對社會也沒有責任感，那不論你在學校裡學習再好、在社會上賺錢再多，也體會不到真正的快樂。

　　因此，想要獲得快樂的人，就應該把眼光放遠一點，多為周圍的人著想，培養一顆利他心。這方面，我建議大家多看佛書——當然，光是看還不夠，還要對裡面的教義，懷著一顆虔誠的心來感悟。有了這顆心，哪怕只讀了一本書、一段話，乃至一個句子，效果都和平時截然不同。甚至對有善根的人來說，心念可能會立即轉變，

自心寶藏的探索

過去的行為再惡劣，當下也會得以重生。誠如思業禪師所說：「昨日夜叉心，今朝菩薩面，菩薩與夜叉，不隔一條線。」

當然，心的本性，需要你們自己去認識、去體證，否則，我口頭上講得再多、再好聽，也不過是詞句而已。蓮花生大士也說：「不了解心的本性，就算是宣講一切要訣的大法師，也擺脫不了迷惑；懂得了心的秘要，即使是大字不識一個的小牧童，也會獲得解脫。」

《六祖壇經》裡還有一句精闢的告誡：「不識本心，學法無益。」假如不認識心的本來面目，學法、修行都對解脫無益，只不過是種個善根而已。

聽說你們很多人喜歡作火供，這些善法固然很好，但最關鍵的不是這些，而是應該先了解佛法，並對此真修實證，以認識心的本性。就像一個大學生，在學校裡可以參加各種活動，以此豐富自己的見識，鍛煉自己的能力，但最重要的學業卻不能丟。同樣，在學佛的時候，分清主次相當重要。

另外，還要提醒大家的是：學佛的話，不論學顯宗、密宗，都應彼此和睦相處，只要是清淨的佛法，就應當同等恭敬，沒必要在一些小事上爭來爭去，說是說非。

前兩天我遇到一個潮州的佛友，我問他：「以前我在新加坡和泰國見過許多潮州人，人都不錯，也很成功，你們是怎麼做到的？」他說：「年輕一代就不知道了，

但我們老一輩潮州人，既勤儉又團結，一聽說是潮州來的，大家都互相幫忙，不分彼此……」聽了以後，我在想：同一個家鄉的人尚能如此，更何況是我們佛教徒了？

當然，佛教徒要團結起來，並不是為了排斥其他宗教或者非佛教徒，而是為了共同維護佛陀的利他理念，為了更有力地傳播真理。往昔佛陀創立佛教，是源於種種因緣，而在此之後，佛教若想發展壯大，以利益更多的眾生，也需要因緣的推動，離不開大家的眾志成城。

在這個過程中，佛教若想日益為世人接受，遣除大眾內心的困惑，不能缺少的就是佛法的教育。離開了它，就算是佛教徒，甚至是知識型的佛教徒，也很難對佛教生起正信。這樣的人我接觸了不少，有些人的專業是佛學，但感覺上好像投入的時間並不多，學得也不夠深入，如此一來，當他給別人傳法時，說是在講「佛法」，但與佛法的本義還是有一定差距。

所以，佛教學者也好，修行人也好，系統學習佛法很有必要。而且，只學一兩部論還不夠，只在理論上了解也不夠，唯有廣泛、深入地學修，才有可能生起定解。就像世間的學問，比如數學、物理、化學，走馬觀花地看一下，然後就給出「結論」，這顯然不夠嚴謹，也得不到學術界的認可。而佛教的教義，相比之下更廣大、更甚深，若只浮皮潦草地看幾本書，又怎麼可能真正通達？

自心寶藏的探索

要知道，佛教若離開了系統的教育，就會失去原本的精髓，到頭來只會淪為一種形象。像現在的很多人，學佛只是磕磕頭、燒燒香、念念咒、求灌頂加持……這些表面行為雖然也有利益，但跟真實的利益相比，實在太微不足道了！其實，佛教能給我們的，遠遠不止這些。如果你沿著佛法的教導向內心探索，就會發現，佛教中不僅有解除痛苦、淨化身心的關要，還有提升利他心的方法，乃至明心見性的竅訣，這才是最珍貴的寶藏。

　　當然，若對此不去學習、不去修行，寶藏雖然就在你心裡，可還是得不到。你明明懷揣著寶藏，卻四處流浪，在外面拼命尋寶，這不是一種悲哀嗎？

　　所以，大家學了佛以後，應隨著各自的緣分，圍繞內在的「佛性」做些努力，以期早日開啟本具的寶藏，這是至關重要的！

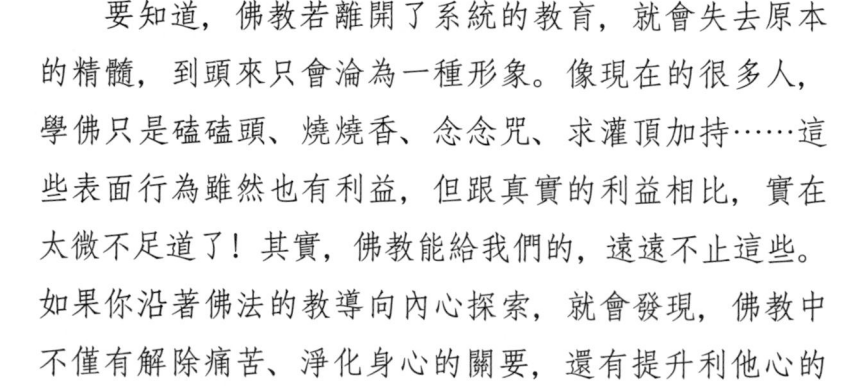

仁波切香港大學答問錄——打開心扉的密鑰

六、境界再高也不忘因果

最後，我還想強調一點：在修學佛法的過程中，如果你有一定的覺受和修證，此時千萬不能輕視因果。

在佛教歷史上，雖然是有「南泉斬貓」、「丹霞燒佛」、「濟公吃肉」等奇特行為，但這是大成就者才能行持的。當他們證悟了至高境界時，為了調伏個別眾生的執著，故意那樣去示現，而我們作為凡夫人，萬萬不可效仿！

漢地的藥山禪師曾說：「高高山頂立，深深海底行。」你的修行境界再高如山巔，行為上也要低如海底。此外，藏地的蓮花生大士也說：「是故見比虛空高，取捨因果較粉細。」可見，祖師大德們的意趣是相通的：哪怕你的境界再殊勝、見解再高妙，行為上也務必要謹慎，不能妄造任何惡業。

總之，希望大家要學會調心，放下執著，用善行來潤澤心靈。若有一天，你真正打開了自心的寶藏，必定可以滿足一切眾生的願求，令其獲得暫時與究竟的安樂！

自心寶藏的探索

附：

香港大學問答

『2011 年 11 月 27 日下午』

（一）問：我是香港大學醫學院的學生。我聽說在修行之初，最重要的就是一定要修好福慧資糧。您能不能傳個竅訣，讓我們在積累福慧上來得快一點？

答：現在的人太忙了，什麼都喜歡「快一點」。有人說這是一個「快餐時代」，看來挺有道理。如果有一所「快餐寺院」，傳授「快餐佛法」，相信參加的人會特別多。

不過，這種來得快一點的修法，也並不是沒有。從我長期學修佛法的經驗來看，不論是哪一個教派，在積累福慧資糧方面，堪稱竅訣的，還是前行法。

像人身難得、壽命無常、輪迴痛苦、因果不虛，當你修了這些基礎法以後，自心會有深刻的轉變，也只有在那個時候，你才成為一個名副其實的佛教徒。否則，一個連前世後世都不承認的人，要參禪、要修密是談不上的。然後，是不共內加行——皈依、發心、懺悔、供曼茶羅、上師瑜伽，這些修法，哪一個不是積累福慧的竅訣？

仁波切香港大學答問錄——打開心扉的密鑰

又是竅訣，福慧來得又快，就看你修不修了。如果連這點功夫都不肯下，想積累廣大的資糧，恐怕是很難的。在漢傳佛教中，古大德為什麼要先讓弟子長年累月地苦行？就是為他們培養修行的福報。

所以，不論你修的是密法還是顯宗法，要進入高深的修行，一定要打好基礎。否則，就像冰上的建築一樣，看起來倒是很壯觀，但一點也不穩固，最終會全部坍塌的。

問：請問怎樣才能證悟空性？因為只有這樣才能解脫，而所有文字都是蒼白的。

答：既然文字是蒼白的，那你讓我講的話，我的文字也一樣蒼白。（眾笑）

心的本性確實超越了文字，誠如佛典中所說：「不可言說智慧到彼岸，無生無滅虛空之體性，各別自證智慧之行境，頂禮三世諸佛之佛母。」不可言說的智慧度，是不生不滅虛空的體性，是聖者各別自證智慧的行境，也是出生三世諸佛的母親。但是，你要證悟這一點，又離不了文字。因為證悟的前提是聞思修，而聞思修必須依靠文字。

當然，證悟還一定要祈禱上師，而且應具足恭敬心。印光大師說過：「有一分恭敬，即消一分罪業，增一分福慧。」這種「隨著恭敬心的比例增上，自身所獲利益也隨之增長」的說法，與密宗的修行教言完全一致。在我們的傳統裡，一個要想證悟的人，必須對傳承上師、

自心寶藏的探索

對這個法門，具有特別大的信心和恭敬心，而且要常常祈禱。

當你這樣去祈禱時，雖然你的所求超越了文字，但確實可以得到它。

（二）問：我是香港大學經濟系的學生，皈依佛門不久。我有一位上師，但我們很少在同一個地方，所以向您請教：當我在修行中遇到了疑惑，該怎麼辦？

答：修行時有上師在身邊，當然最好，但如果沒有這個條件，我建議你先系統地學習佛法。

系統學習的好處，一是可以去除我們對佛法的誤解和偏見，許多疑惑也能迎刃而解；二是在深入其中時，以前心裡裝的那些世俗染污，就漸漸被淨化了，日子久了以後，佛法自然融入你的生活，修行也就可以獨立自主了。

問：以前我煩惱的時候，出去玩一下、買個東西就過去了，但現在學著反觀的時候，它反而多起來了，這是為什麼呢？

答：並不是修行讓你的煩惱增多了，而是你反觀的時候，煩惱變得明顯了。

煩惱就像個調皮的孩子。小孩子自個兒在那兒調皮，你不關心他，他怎麼鬧你也不會放在心上，好像看不到一樣；但當你開始關心他時，他的所作所為，在你的眼裡就異常敏感了。所以，你現在覺得煩惱多了，原因就在這裡。

但這也是一個標誌，說明你已經有能力認識煩惱了。從這個時候開始，只要你不斷地精進實修，煩惱和痛苦就會越來越少，這是大多數修行人的必由之路。

（三）問：我是港大醫學院四年級學生。您能不能為我們指點一些認識自心的方法？

答：在認識自心方面，我也很慚愧，雖然感興趣，但除了一點理解以外，也沒有什麼證悟。

你們每個人的情況都不同，如果有興趣，可以循著密宗的修行次第，從前行法修起，之後得灌頂、求大圓滿竅訣，這樣一步一步地來，最終必定能證悟不可言思的境界。或者，也可以像禪宗修行人那樣，首先學習《金剛經》、《六祖壇經》、《般若經》等經論，只要有了正確的指點，並滿懷恭敬心與歡喜心去閱讀它，也一定會有所收穫。

比如說，你由此可以得到一種見解，像《金剛經》中講：「過去心不可得，現在心不可得，未來心不可得。」這就是最殊勝的見解。但「不可得」有兩種：一是不存在而不可得；二是存在而不可得，就像我丟了東西，雖然它就在某個地方，但我找不到它。而心的「不可得」是前者——並非明明存在卻找不到，而是它根本就不存在。

那麼，單單一個「不可得」，或者說空性，是不是就是法性了呢？還不完整。你若只認識了這一點，按密

自心寶藏的探索

法的教言看，還不是真正的認識，因為在不可得的同時，其實還有光明的一分，也就是說，在究竟的實相上，光明和空性無二無別。這個明空無別的道理，在第三轉法輪的《寶性論》、《大乘密嚴經》，以及龍猛菩薩的《法界讚》等經論中，都有細緻的宣說。只要下點功夫，你就會慢慢明白。

當明白了以後，即使成千上萬的人說你修法錯了，你也絕對不會動搖，而是會堅定不移地修下去。這種「堅定不移」，並不是因為太頑固，而是因為已經開悟了。

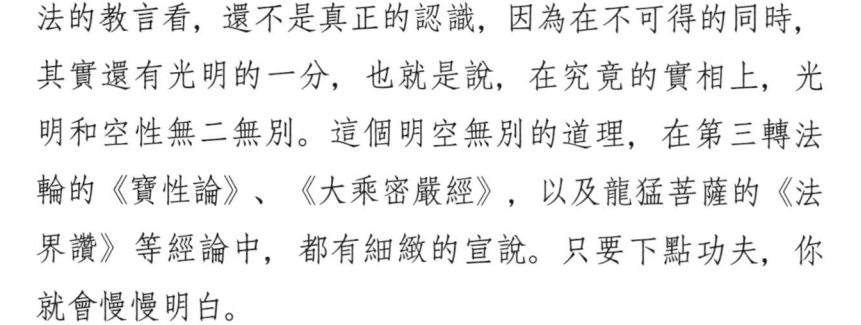

（四）問：我是港大社工系的研一學生，學佛已經三年了。我現在的方向是，想從佛法、傳統文化以及西方的研究中，找出一個能預防心理疾病，甚至能解決某些社會問題的方法。

但到目前為止，讓我感到困惑的是，雖然自己很信佛，卻沒有力量，也不知道該如何讓更多的人信佛，該如何讓他們相信傳統文化的力量。請問我該怎麼辦？

答：你的這種心態，我也有。在這樣一個時代裡，雖然問題多之又多，但人們的所作所為還是只顧金錢，不重視傳統文化，不重視前輩大德的珍貴教言寶藏，所以，有時我也有點傷心，甚至很無奈。

不過，回顧歷史可以發現：在任何一個時代裡，逆流而上、扭轉頹勢的，還是大有人在，即使將來的社會

越來越複雜，也仍會有一大批有識之士。所以，你也不要擔心太多，越有困難，就越應該發大願：一定要以最廣泛、最深刻的方式，傳播佛法、弘揚傳統文化，讓每一個人都認識到這些珍貴理念的重要性和必要性。

只要我們不是以自私自利心，而是以對社會人群負責的心，盡力地去做，就必定能讓一些人漸漸有所觸動。尤其是年輕人，再不幫他們一把的話，可能就真的一代不如一代了。

以前的人還好一點，怎麼說也受了一點傳統的約束，但現在的人被西化久了，連傳統的概念都沒有了。湯恩比博士說得好：「要拯救 21 世紀的人類，就應該尋求大乘佛教及孔孟思想。」但是，該怎麼去拯救呢？首先我們自己要有所認識，要花些時間去潛心研究；然後，利用現代的科技手段，有耐心地進行傳播。

儘管現在是末法時代，但只要我們持之以恆，真正去做的話，肯定也會有很多人響應的。

（五）問：我是香港大學的佛學研究生，也是佛教徒。通過學佛，我懂得了一些方法，讓自己開心，保持平和的心境，但我該如何幫助身邊的人，改變他們的命運呢？

答：在這裡聽到很多學生說自己是佛教徒，我心裡十分歡喜，感覺氣氛也似乎不一樣了！

的確，有信仰的人——不論是信佛教、基督教或其

他宗教，內心一般都比較平和，而且樂於助人。剛才你說想幫助身邊的人，對此我非常讚歎，因為作為佛教徒，唯一的追求就是斷除自利心。你能為身邊人著想，這就是一種很好的修行。

那麼，在去幫助他們的時候，除了盡量謙卑、恭敬之外，還要懂得善巧，要能安忍。這樣經過長久努力之後，除了前世不可逆轉的因緣之外，很多人的命運是可以改變的。

所以，在成辦自他利益的問題上，我只有一句話：一定要往積極的方面努力！

（六）問：我是內地學校的一名老師。我在上課時發現，如果直接灌輸傳統文化或佛教的內容，多數學生會有點兒反感，所以，我一般不會正面去說，只是間接地以「掛點鉤」的方式介紹一點兒。但有時我也擔心，不知道這樣如不如法，是不是對佛法的一種褻瀆？

答：這是善巧方便，並不是「褻瀆」。

大家都清楚，現在整個社會的風氣，對傳統文化還不是很認同，如果直接傳播，尤其在不恰當的環境裡，效果很可能適得其反，不但幫不了人，還會造成種種誤解，甚至出現違緣。所以，你的做法是對的。

不過，佛教裡也說「一切都是無常的」，這種情況或有一天會改變。記得「文革」期間曾有句口號——「批

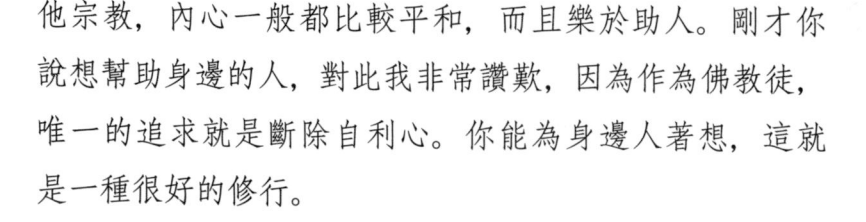

林批孔，堅持到底」，但時代一變，口號就沒人喊了，也沒人批了。現在不但不批孔子，反而開始讚歎了，甚至連教育部門也有了轉變，想在各個學校恢復傳統文化。如果真要恢復的話，傳統文化中最主要的就是釋、道、儒三者，作為其中之一，佛教屆時一定會有廣泛的弘揚空間。

當然，眼前還是要善巧地包裝一下，「餡兒」是佛法，「皮兒」就用人們喜歡的東西。這樣包得好一點送出去，不但沒有過失，反而有很大的功德。

問：剛才你提到了「不可得」，《道德經》裡說「天下皆知美之為美，斯惡矣」，我想這裡把二元對立的美與不美破掉了，這種「既不是美也不是不美」的中間狀態，是不是「不可得」？是不是「空」？

答：這也可以算是一種「不可得」，或者說「空」，但還不是現空不二——現即是空、空即是現，也不是遠離四邊八戲的中觀境界。

真正的「空」，不是單單破除「美」或「不美」這種顯現的空分，而是「現」與「空」不二。當然，這種境界無法用語言文字描述，因為在我們的分別念裡，要麼是「現」，要麼是「空」，現空不二是無法呈現的。只有通過長期的聞思修行，才能以實證的方式獲得。

（七）問：我是香港大學化學系的學生。請問，您對高學歷的年輕人出家有什麼看法？

答：其實，高學歷年輕人出家的比例，在整個大學

自心寶藏的探索

生群體中是非常少的，而它之所以受到關注，主要還是認識的問題。

　　以前大家都覺得，出家是件消極的事，一個人如果出家了，肯定是被逼得走投無路了。而且在很多人眼裡，出家人的水平也很低——通常是找不到工作了，只好到佛門裡混。可能就是基於這樣的心態，一聽說有高校才子出家，很多人就覺得可惜。

　　但實際上，當一個人的緣分成熟時，走上了自己想要的道路，這沒什麼可大驚小怪的，出家也是一種人生選擇。在我們佛學院，具有國內外高學歷的出家人，就比比皆是。

　　那麼，這會不會對社會造成什麼影響呢？當然不會，因為出家的要求很嚴，要看破紅塵、守護戒律……這些對大多數人來講，即使想出家，也恐怕做不到。所以，有些父母也不必擔心兒女一學佛就會出家，如果因為擔心這個，就不讓他們學佛了，這也太不明智了。

　　換個角度看，大學生出家，實際上也是正常之舉。歷史上有那麼多帝王將相都出家了，現在有幾個才子出家，也沒什麼不可以的。

　　問：我剛上網查了一下您的微博，發現您有 65 萬多粉絲，當然，我也是其中之一。我經常看您的微博，發現您會用一些時下流行的網絡用語，那您是不是也經常上網？

　　答：首先，我不可能有那麼多的粉絲。前不久我在

微博上也說：「聽說粉絲也可以造假，我開微博，不需要什麼人氣，也不會為此花一分錢。我的粉絲應該不會有這麼多！」不過，粉絲數量也不代表什麼，即使有這麼多，可能還是好奇者居多，他們對佛教是不是真有興趣，我不得而知。

然後，我確實偶爾會上網，但上網不喜歡看那些亂七八糟的東西，只愛讀一些國內外有啟發性的好書，並了解一下世人的想法，這些在網上找起來也比較方便。

這次我來香港，手機因為沒有辦漫遊，就無法更新微博了，當時只好提前跟大家請假：「這幾天我要前往一個城市講法，因為那裡沒這個信號，故暫時無法發微博……」

結果有人就在評論中教訓我：「你去一個連信號都沒有的鬼地方，有什麼必要呢？不要去啦！」（眾笑）

（八）問：我是香港大學金融專業的研究生。在我身邊，有許多信仰基督教的朋友，請問，基督教與佛教在見解上有什麼異同？作為一個佛教徒，我在和他們交流的過程中，應該注意些什麼呢？

答：香港近 100 年都屬於英國，在文化及政府理念的影響下，基督徒比較多也是正常的。

在見解方面，佛教與基督教的確有許多相同之處，比如，佛教教人以慈悲為懷，基督教讓人有博愛胸襟，

自心寶藏的探索

這些都是利他的理念。然而，不同的地方也是在這一點上：佛教的慈悲，遍及一切生命，不僅是人，也包括動物；而基督教卻認為，動物是人的食物，我不得不說，這確實是一個很大的差異。

不過，矛盾的地方可以放著。就像國家與國家的交往，雖然彼此有些觀點不一致，但高層領導在會晤時，都只讚歎對方的好處，矛盾似乎已經不存在了。同理，當佛教遇上了基督教，不同的地方可以忽略——畢竟信仰是根深蒂固的，誰也不可能因為誰，就輕易改變自己的信仰。所以，為了人類的福祉，大家應該共同合作、彼此鼓勵，宣揚一切善的理念。

善的理念真的很重要！基督教就是從善的理念出發，建醫院、辦學校，做了許多的慈善事業，這是我們很多佛教徒都做不到的。所以，我在不同場合中說過，我們佛教徒應該向基督徒學習。當然，也不是學習所有的行為，而是有些行為，就像慈善等。

對基督教而言，雖然我們佛教是異教，但異教中也有不共的教義，像菩提心、空性等，有許多可以交流的空間。所以，以後因緣成熟時，不僅是佛教與基督教之間，各大宗教的人士都可以坐到一起，互相學習、取長補短。

其實在這個世界上，各個宗教都有其魅力與價值，也有它生存的原因，完全沒必要互相敵視，甚至排斥、詆毀。假如非宗教人士都可以團結和睦，那宗教人士之

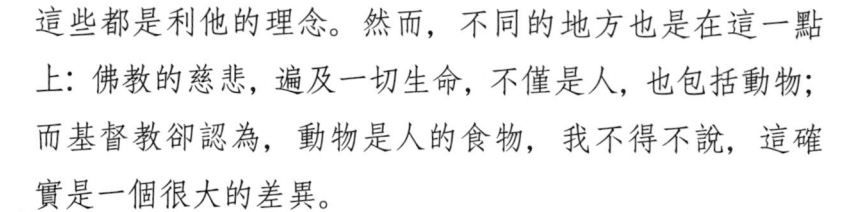

仁波切香港大學答問錄——打開心扉的密鑰

間為什麼做不到呢？

因此，在有些大學裡，如果基督徒比較多，你們也不要歧視我們佛教徒，不要非得把佛教徒拽入你們「神」的團體；而如果佛教徒的力量比較雄厚，也不要強行吸納非佛教徒，非要讓他們進入「佛」的國度。這種洗腦式的灌輸，在西方的認識裡，是很不道德的行為。

所以，我們應互相尊重各自的信仰，與此同時，也應當彼此學習對方的長處。

（九）問：我是香港大學社會科學院的學生。佛法裡講「福自我求，命自我造」，我想知道，命運到底能不能改變呢？

答：命運，可以改變，也不能改變。

某些命運可以改變，就像《了凡四訓》裡講的，袁了凡後來 20 多年的生涯，就是因為努力行善而改變了。所以，佛教不是宿命論，不是命中註定就不能改了。比如，即使是一個判了無期徒刑的人，如果有些方便途徑，也還是可以被釋放的。

但也並不是所有命運都能改變。如果前世造了特別嚴重的業，也就是所謂的「定業」，那就不能改變了，必須要承受它的果報。就像有些囚犯，無論怎麼找關係，也依舊放不出來。

自心寶藏的探索

（十）問：我是一個中學生。請問，有了慈悲心，是不是就是有了菩提心呢？

答：慈悲心，包括慈心與悲心，有世間、出世間兩種：世間的慈悲心，一般是對身邊的人，最多是對「一切人類」有悲憫心，範圍比較小；而出世間的慈悲心，尤其是大乘佛教的，是願「一切眾生」離苦得樂，這個心量相當大。

但慈悲心還不是菩提心，它只是菩提心的因。

問：在我們《語文》課本裡有許多古文，比如，司馬遷的《史記》、王勃的《滕王閣序》等，好像字裡行間都在教我們追名逐利，要怎麼怎麼……但我想知道，在我們長大之後，是不是一定要追求這些東西呢？不管它好還是不好。

答：在現在的教育中，教導學生追名逐利，似乎成了一種趨勢，「你長大以後要成功，要成名，要怎麼怎麼……」但在這樣教導的同時，最好也能為孩子們樹立一些利他的理念——「你以後要幫助別人，要關愛生命，要回饋社會，要怎麼怎麼……」

如果從小受到的教育，就是教自己如何生存、如何索取，那他長大之後，也只會成為這種人，目光狹窄，心裡只有自己。相反，倘若小時候就讓他懂得為人著想，不能只為自己活著，那一路成長起來，他自然就會為社會考慮，為人類乃至一切生命付出和奉獻。所以，好的教育，會讓一個人的生命呈現出利他的趨勢，而這種趨

勢相當難得，也相當重要。

　　當然，古文中的思想該如何取捨，這一點可能還是要具體分析。一方面，古人雖然有智慧、有德行，但畢竟是世間人，所以在文章中教人求名求利，也可以理解。但另一方面，古人的很多思想，其實也有值得我們學習的地方，對此不能一概而論、完全捨棄。

　　（十一）問：到目前為止，我還沒有宗教信仰，希望我的話不會有任何冒犯。我想問的是：一個沒有宗教信仰的人，可不可以通過自己的善心，在學習以及思考之後，來實現類似於宗教所帶來的那種寧靜與智慧？

　　答：在我們這樣的交流中，有信仰的、沒有信仰的都可以參與，這是一個自由開放的平台。我個人而言，對沒有信仰的人一向非常尊重，因為我相信，他不受持任何信仰，一定有他的理由和價值觀，以及由此建立起來的生活方式。

　　當然，我作為一名佛教徒，在長期研讀佛學以後，因為經過了許多思考，也有過一點感悟，所以，還是希望人最好有個信仰。但正如你剛才所說，一個沒有信仰的人，如果有一顆善心，並藉由某種思想來完善自我，甚至造福人類的話，我認為也未嘗不可。

　　不過，你若是借助了某個宗教的理念，可能也要算是一種信仰了。狹義的信仰，是要你變成一個信徒，但

自
心
寶
藏
的
探
索

從廣義上講，你在閱讀和學習的過程中，對某種教義生起的信賴與仰慕，已經是「信仰」了。所以，信仰也分很多的層次。

問：每一個宗教都有它的經典之作，但如果人們都抱著一種虔誠之心去讀，會不會因為太過信賴了，從而傷害自己的心智，影響那種批判思考呢？

答：真理是絕對不會傷害你的心智的。

如果是一個不健康、不科學、不包含真理的作品，當你過於信賴它而閱讀時，可能會對你的生活、甚至人生帶來不利的影響。但若是真理，尤其是我所接觸過的珍貴佛典，裡面都是人類的思想精華，凡是讀過它的，心靈會被洗滌，思想會被淨化，有百利而無一害。

當然，我也理解你的顧慮。一般來說，人在年輕的時候，思想比較活躍，不肯就範於任何一種認識；而所謂的「批判思考」，也讓很多人在接觸經典時，因為擔心失去自己的立場，寧肯採取遠離的態度，敬而遠之。然而，人到了垂暮之際，在感受到悲歡離合的種種經歷、飽嘗了生老病死的無常變幻以後，對經典裡所提到的教義，可能會更容易接近。

其實，你也不用擔心被「染污」，只要帶著思考去研究，一段時間以後，你就會明白：真理就是真理，它是任何時代、任何社會的真實需要。

當然，如果不是真理，那就不好說了。

仁波切香港大學答問錄——打開心扉的密鑰

（十二）問：我是小學三年級的學生。我想皈依，請上師慈悲授我皈依。

答：小學三年級就想受皈依，好嘛！

那我念一個皈依偈，你們想皈依的，也可以一起，坐著不要動，一會兒就好了。不想皈依的也不用怕，心裡不作意就可以，不會強迫你皈依的。

【堪布用藏語念皈依偈……】

（十三）問：證悟空性就可以獲得自在，請問這與什麼有關係？是實修嗎？

答：是要實修。不過，首先要長期學習和思維法義，以此生起堅定不移的信解，之後再去實修。不論是誰，只要這樣次第地修行，那種超越自然、超越心靈的境界，自然而然就出現了。

問：修行時要注意什麼？

答：在修行的過程中，一般人都會遇到一些違緣和障礙，要戰勝這些，讓內心呈現美好的境界，一定要下些苦功。同時也要多學習，漢藏高僧大德們留下了許多金剛語，經常研讀的話，很多問題都能迎刃而解。

（十四）問：我是香港大學的學生。今年七月，我們幾個同學一起去了西藏，本想去五明佛學院拜見您，但後來沒有去成。沒想到，您竟然來了！

自心寶藏的探索

110

那我的問題是，能否請您介紹一下：藏傳佛教在內地及世界各地的弘揚情況，以及五明佛學院的教學近況？

答：這次來你們香港大學，與法師、老師們接觸的時間雖然很短，但大家溝通得非常愉快。知識分子以其特有的敏感，在關心著社會、關心著佛教，而我多年以來最關注的也是佛教教育，所以，我們有很多共同的語言。

說到藏傳佛教的弘揚，近二三十年以來，內地了解藏傳佛教，應該說，與我們五明佛學院的確有很大關係。法王1987年去五台山之前，藏傳佛教幾乎是鮮有人知，但從那之後，對於藏傳佛教聞思修行的傳統，了解的人越來越多。如今，雖然不敢說特別興盛，但在漢地的很多佛教團體中，大家對藏傳佛教已經有了一些正面認識。

藏傳佛教在香港、台灣，發展得是要早一些，但有些「怪現象」，也讓許多人產生了誤解，甚至有人對藏傳佛教特別排斥。當然，佛教的弘揚也是隨緣，要看眾生的福報，就像大乘佛教在印度剛剛興起、禪宗初到漢地，也都是不被人接受的。所以，透過歷史觀察今天也是一樣，港台這邊如此，漢地那邊也如此，一上來不被接受，這也是正常現象。

但現在，也許是經歷了這個過程以後，在西方的知識分子人群中，卻形成了「藏傳佛教熱」。為什麼在20世紀、21世紀，西方人會對藏傳佛教如此渴望和仰慕呢？很多大德認為：就像人渴了要喝水一樣，當人們被痛苦

仁波切香港大學答問錄——打開心扉的密鑰

逼迫時，就需要一種力量來解除它，而藏傳佛教，恰恰就具有這種力量。所以，「熱」也是需求導致的。

至於我們佛學院的教學，我從 1985 年待到現在，大致是差不多的，有顯宗的課程，也有密宗的課程。在顯宗課程中，有五部大論——戒律、俱舍、因明、中觀、般若，這是每一個人都要學的。當然還有密法的學習，以及法會的修行。我們學院不排斥任何教派，只要是如法的，不論是藏傳、漢傳的教義，都可以在那裡教授。

其實，不僅是我們佛學院，在整個雪域這片土地上，依然完整保留著純正的佛教體系和傳統。既然生活在這麼一個時代，我們一方面想要把它傳承下去，同時也想讓更多的地方、更多的人從中得到利益。

（十五）問：我是港大佛教研究中心的出家學生，我想請堪布對「他空」作個簡短的介紹。

答：大學裡還有出家人，這讓我感覺很親切！那次在復旦大學看到一位斯里蘭卡的出家人，當時感覺很新鮮，而這裡更多，所以一來的時候，我就覺得既新鮮又親切。

你問的這個「他空」問題，顯宗經論裡有講，密宗的《時輪金剛》裡也有講。在藏傳佛教的派系方面，如果從主要的角度來說，一般認為講自空的是格魯派，講他空的是覺囊派。而寧瑪派的大德認為，自空、他空並不相違。

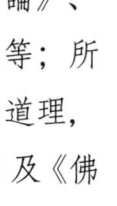

　　所謂自空，就是釋迦牟尼佛第二轉法輪的教義，闡釋這一教義的論典，主要是龍猛菩薩的《中觀六論》、聖天論師的《四百論》、月稱論師的《入中論》等；所謂他空，則是第三轉法輪的教義，主要講如來藏的道理，像彌勒菩薩的《寶性論》、龍猛菩薩的《讚法界頌》及《佛三身讚》等，都是重要論典。

　　其實，自空和他空是不矛盾的，只不過側重點不同：一個側重空性，一個側重光明。但實際上，在《大幻化網》乃至《時輪金剛》的究竟觀點上，都認為光明與空性是不二的，也就是現空雙運。

　　現空雙運就是如來藏的本體，你可以用自空的方式抉擇，也可以用他空的方式抉擇。覺囊派用的是他空。他空的意思，就是自體不空而客塵空，這樣說來，既然如來藏的自體不空，那和外道所說的「常我「有何差別？對此，《入楞伽經》中講得很清楚⑩，如來藏和外道的常我不同，因為它是遠離我法、遠離一切戲論的。

　　可見，自空、他空全是分別念的安立，真正的如來藏，

---

⑩《大乘入楞伽經》（卷二）云：「爾時大慧菩薩摩訶薩白佛言。世尊。修多羅中說如來藏本性清淨。常恒不斷無有變易。具三十二相。在於一切眾生身中。為蘊界處垢衣所纏。貪恚癡等妄分別垢之所污染。如無價寶在垢衣中。外道說我是常作者。離於求那自在無滅。世尊所說如來藏義。豈不同於外道我耶。佛言。大慧。我說如來藏。不同外道所說之我。大慧。如來應正等覺。以性空實際涅槃不生無相無願等諸句義。說如來藏。為令愚夫離無我怖。說無分別無影像處如來藏門。未來現在諸菩薩摩訶薩。不應於此執著於我。大慧。譬如陶師於泥聚中以人功水杖輪繩方便作種種器。如來亦爾。於遠離一切分別相無我法中。以種種智慧方便善巧。或說如來藏。或說為無我。種種名字各各差別。大慧。我說如來藏。為攝著我諸外道眾。令離妄見入三解脫。速得證於阿耨多羅三藐三菩提。是故諸佛說如來藏。不同外道所說之我。若欲離於外道見者。應知無我如來藏義。」

超越了這些概念。

　　在印度歷史上，月稱論師和月官論師就二轉、三轉法輪，辯論了長達七年之久，但最終他們的觀點還是融為了一體。因此，我們作為後學者，應在前輩們抉擇的理論基礎上，把二、三轉法輪的教義結合起來，直接理解為現空雙運。而這種現空雙運，也就是超越了心識、超越了自空他空的所謂「大空」，這才是佛陀的真實密意。如果要詳細了解這個道理，可以研究一下麥彭仁波切的《他空獅吼論》。

　　總之，「他空」在佛教中的專業性很強，是有一定深度的研究領域，短短的文字可能很難描述它的真正涵義。

自心寶藏的探索

大菩提塔